Architektur und Modellbau

Konzepte – Methoden – Materialien

Alexander Schilling

Konzepte – Methoden – Materialien

Architektur und Modellbau

Alexander Schilling

Birkhäuser Basel

[1]

[1]
Mackintosh Building, Glasgow School of Art, Glasgow, 1897–1909, 1:100, Graupappe
[2]
Andrea Palladio, Palazzo Chiericati, Vicenza, 1550, 1:100, Graupappe

[2]

Vorwort

Jedem kreativen Prozess liegt die Idee zugrunde, sie steht am Anfang eines meist langen Prozesses der Entstehung eines Entwurfs. In besonderem Maße gilt dies für die Architektur, deren ursprüngliches und unverwechselbares Wesen bis heute das Schaffen von Räumen für Menschen ist. Dem Raum werden vielfältigste Aufgaben zugeteilt und doch geht es im eigentlichen Sinne und abstrakt gesprochen eben genau darum: um den architektonischen Raum, um Räumlichkeit in den wahrnehmbaren Dimensionen.

Aus diesem Grundsatz heraus ist der Ursprung des Architekturbetriebs zu verstehen. Beruf und Arbeitsmethodik des Architekten entwickeln sich parallel zueinander im Mittelalter aus dem Handwerk des Zimmermanns. Wie arbeitet ein Architekt? Wie entwickelt er sein Produkt? Die ältesten und somit ersten Arbeitswerkzeuge der Planenden am Bau sind die Zeichnungen, die Grund- und Aufrisse der mittelalterlichen Dombauhütten, mit denen jene Formen und Konstruktionen vorweggenommen werden, die in langen Bauphasen an Ort und Stelle entstehen. Nahezu gleichzeitig kommt auch ein zweites, nicht weniger bedeutendes und im wahrsten Sinne des Wortes praktisches Werkzeug auf: das Modell.

Die vorliegende Untersuchung hat das Architekturmodell als Werkzeug des Architekten zum Thema und betrachtet es in seinen Möglichkeiten, seinen Eigenschaften, seinen Funktionen und nicht zuletzt seiner Bedeutung. Das Modell ist dem endgültigen Ergebnis – nämlich dem realisierten Haus – in der Vorwegnahme der gebauten Realität als Medium der Darstellung am nächsten. Es teilt mit dem Gebauten offensichtliche Gemeinsamkeiten. Es ist räumlich, als Objekt dreidimensional und sowohl sichtbar wie auch physisch beziehungsweise haptisch (be)greifbar. Die wesentlichen Aspekte des Raums – Proportion, Struktur, Materialität, der Umgang mit Licht und der dadurch entstehende Charakter – können kaum besser simuliert und gebildet werden als in Form eines Modells als Miniatur eines visionär gedachten architektonischen Objekts.

[3]
Leo von Klenze und Hans Döllgast, Alte Pinakothek, München, 1826–36 und 1952–57, 1:100, Graupappe

[3]

In der Vorbereitung zu diesem Buch, in der Auseinandersetzung mit dem Medium des Architekturmodells, wurde rasch klar, dass es sich um ein vielschichtiges Thema handelt. Das Modell lässt sich nicht an einer einzigen Stelle im Architekturbetrieb verorten, weder im Hinblick auf die Personen, die es bauen, noch die Funktion, die es zur Darstellung und Kommunikation von Architektur innehat. Vielmehr taucht es an unterschiedlichen Stellen im Prozess des Entwerfens und Bauens immer wieder auf und manifestiert dadurch die eigene Sinnhaftigkeit und seinen Nutzen. Einerseits tief verwurzelt in der handwerklichen Tradition des Modellbauers, kommt es andererseits nie aus ohne den Architekten, der es selbst und unmittelbar als unersetzliches Werkzeug braucht, um ans Ziel zu kommen.

Dieses Buch möchte zu Beginn auf die grundsätzlichen Fragen zum Thema Modellbau eingehen: Was ist ein Architekturmodell? Wozu und warum braucht man ein Modell? Und wie wird überhaupt ein Modell gebaut?

Um Architekturmodelle im Kontext der Architektur besser verstehen zu können, wird es unabdingbar sein, in die Vergangenheit zu schauen: Wie entstand Architektur, wie plante man ein Gebäude, vor dem heute so selbstverständlichen und nicht mehr wegzudenkenden Gebrauch der Werkzeuge des digitalen Zeitalters?

Anschließend wird die gegenwärtige Situation des Architekturmodellbaus in all ihren Facetten ausführlich dargestellt. Im Mittelpunkt dieser Abhandlung stehen die Rolle, der Nutzen und die Vorteile des Modells.

Und nicht nur in der Gestaltungslehre ist es ein grundsätzliches Prinzip, eine Reihung zu einem wahrnehmbaren und definierten Ende zu bringen. Der letzte Teil des Buchs beschäftigt sich in der Art eines Ausblicks mit der Frage: Wo wird ein gebautes Modell, das Modell des architektonischen Raums, in der Zukunft zu finden sein?

Alexander Schilling

[4]
Dieses Gebäudemodell zeigt deutlich die Patina der Zeit, die Schwärze erklärt sich dadurch, dass es zeitweise in einem Kohlekeller aufbewahrt wurde. Hermann Billing, Kunsthalle Mannheim, 1907, Gips

Historischer Kontext

1

in Alabastergips von Bernd Grimm für die Bibliothek Ungers in Köln

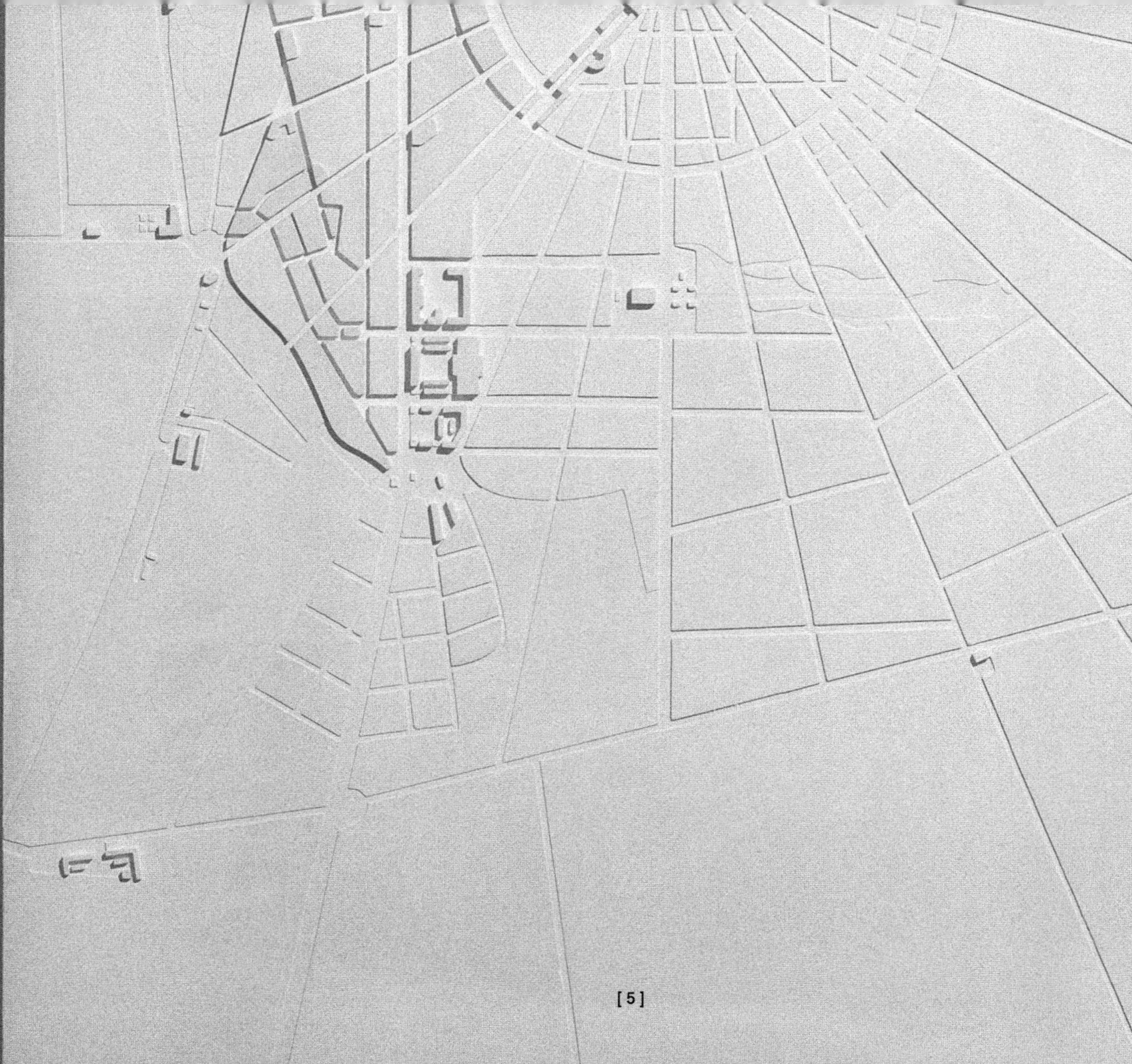

[5]

Der heutige Modellbau bewegt sich in einem historischen Kontext. Schon seit langem – und nicht erst in der Moderne – wird Architektur in verkleinerter Form mittels Modellen dargestellt, um architektonische Visionen sichtbar und erlebbar zu machen. Bereits frühere Generationen von Baumeistern schätzen ihren Nutzen, um ihren Ideen einen räumlichen Ausdruck zu verleihen.

Die ältesten Zeugnisse für die verkleinerte Abbildung von Bauwerken sind von den Hochkulturen Nordafrikas und Asiens überliefert. In diesen Regionen wurden Objekte aus keramischem Material gefunden, die Bauwerke abbilden. Danach sind wenige Darstellungen von Bauwerken in Miniaturen überliefert, aber es finden sich in den Schriften antiker Lehrmeister wie Vitruv und Plutarch Hinweise auf die Verwendung von Modellen im Kontext des Bauens.

[9]

Die Entstehung des Berufsstands des Architekten

Die Geschichte des Architekturmodellbaus ist eng verknüpft mit der Entwicklung des Berufs des Architekten. Dieser tut sich im Mittelalter aus handwerklichen Berufen wie dem Zimmermanns- und dem Steinmetzhandwerk hervor, hat also seinen Ursprung in den Bauhütten. Immer mehr Baumeister arbeiten nicht mehr nur empirisch, sondern planen das Bauwerk vorausdenkend. Von ihnen sind neben historischen Bauzeichnungen auf Pergamentpapier hölzerne Studienmodelle überliefert, anhand derer die Wirkung und plastische Gestaltung der Bauwerke überprüft wurde.

Das Holzmodell als Ausdruck der Architektur

Die Renaissance in Italien gilt als die früheste Bauepoche, in der Architekturmodelle verwendet werden, um die räumlichen Vorstellungen der Baumeister zu veranschaulichen. Alle bedeutenden Bauaufgaben jener Zeit wie Kirchen, Paläste und Theater werden mit großem handwerklichen Aufwand in Modellen aus Holz simuliert. Das Modell dient als Anschauungsobjekt für die Mäzene und vermögenden Auftraggeber – ein Medium der Eigenwerbung sozusagen. Zusätzlich zu den meist detailliert und kunstvoll ausgearbeiteten Bauplänen erhalten die Bauherren durch das Modell eine räumliche Vorstellung von der Architektur und können Einfluss auf die Gestaltung nehmen. Das bekannteste Beispiel dafür ist das Holzmodell des Petersdoms in Rom, das unter dem leitenden Architekten der Basilika, Antonio da Sangallo dem Jüngeren (1484–1546), in einem Zeitraum von sieben Jahren angefertigt wird. Der Zweck dieses fast fünf Meter hohen Modells der Kirche ist derselbe wie heute: man will den architektonischen Entwurf veranschaulichen, zumal beim Bau des Petersdoms aufgrund des häufigen Wechsels des Architekten ein einheitliches Konzept gesucht wird. Die Kosten für dieses Modell sind so exorbitant, dass man mit diesem Budget eine echte Kirche hätte errichten können. Im Hinblick auf die gigantische Dimension des Doms ist es trotz allem eine nachvollziehbare Investition.

So gesehen sind die Hintergründe und Absichten des Architekturmodellbaus schon in der Renaissance dieselben wie heute. Der Architekt kommuniziert mit dem Modell, es verleiht seinen Zeichnungen die dritte Dimension und macht den architektonischen Entwurf für den Laien fassbar. Das Modell wird erstmals zum Kommunikationsmedium des Architekten.

Modellbauhandwerk und Materialien

Die handwerklichen Möglichkeiten für die Herstellung von Architekturmodellen sind in der Anfangszeit überschaubar. Die Materialien Gips und Holz stellen lange Zeit die gebräuchlichsten Baustoffe für Modelle dar. Ihre Vorteile liegen auf der Hand: sie sind gut zu verarbeiten und lange haltbar.

Im 19. Jahrhundert unterhalten Architekten wie Hermann Billing (1876–1946) in ihren Ateliers Modellbauwerkstätten mit professionellen Architekturmodellbauern, Gipsgießern und auch Bildhauern, die die historische Formensprache in Gips und Holz fassen.

Es ist ein glücklicher Umstand, wenn Architekturmodelle über Jahrzehnte oder Jahrhunderte erhalten werden – meist nur geschützt und oft lange vergessen in Bau- und Stadtarchiven. Von der großen Flut an Gebäude- und Stadtmodellen des 19. Jahrhunderts sind verhältnismäßig wenige in den Bauarchiven erhalten. Der Zweck des Modells wird oft auf die kurzzeitige Informationsvermittlung reduziert, als erhaltenswert versteht man diese Objekte selten. Dabei erreichen Modelle im besten Fall die würdevolle Patina ihrer Originale, die sie stellvertretend

[6/7]
Straßburger Münster, historisches Gipsmodell, vermutlich im 19. Jahrhundert entstanden, mit Holzkoffer als Transportmittel

[8]
Friedrich Weinbrenner und Friedrich Arnold, Ständehaus, 1820–22, Karlsruhe. Modell (vermutlich 1950) des im Zweiten Weltkrieg zerstörten Bauwerks, Holz gestrichen, Filzpappe, Grundplatte Sperrholz

[9]
Hermann Alker, Modell eines Obelisken, 20. Jahrhundert, Gips

[10/11]
Eines der seltenen noch erhaltenen historischen Pappmodelle, das jedoch ebenso wie das Gebäude, in dem es archiviert war, im Zweiten Weltkrieg stark beschädigt wurde. Heute als „Modellruine“ erhalten. Pestalozzischule, Karlsruhe, 1915, Pappe, Holz und Blech

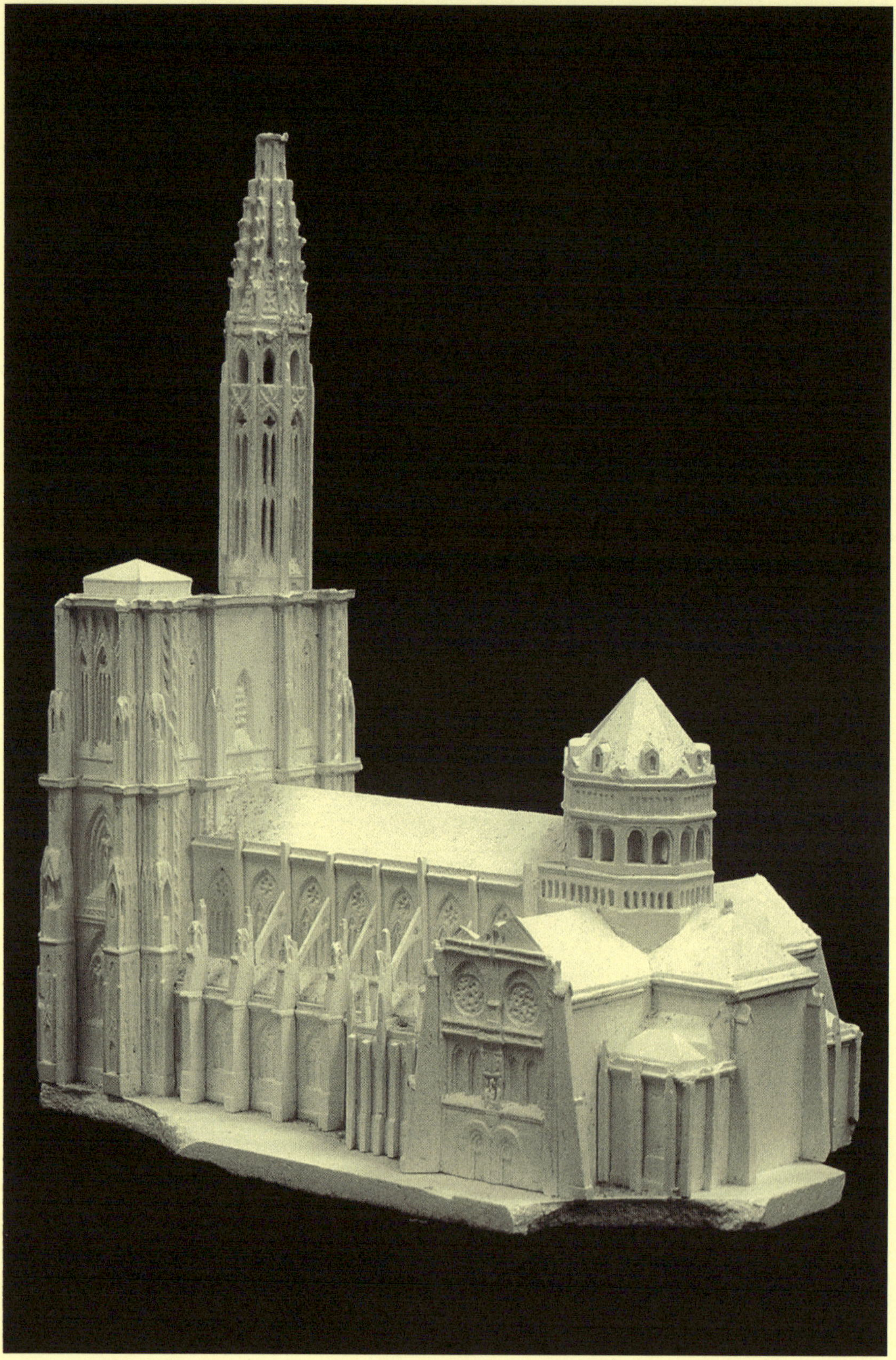

[7]

[8]

[9]

[10]

[12]

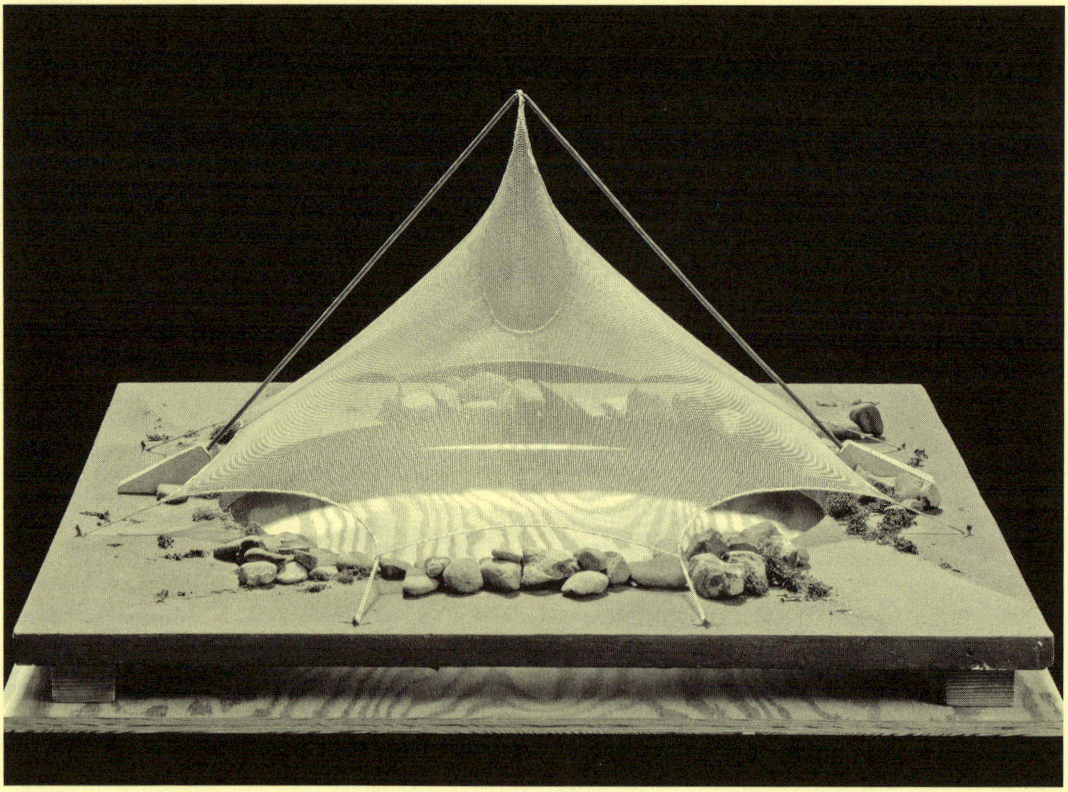

[13]

abbilden. Auch sie verändern sich im Laufe der Jahre. Viele sind in einem „sanierungsbedürftigen" Zustand und zeigen die Spuren der Zeit. In den Archiven und Museen gibt es immer auch Modelle, die im doppelten Sinne historisch sind: Ab dem 18. Jahrhundert werden Modelle zum Studium oder der Dokumentation der Meisterwerke der Vergangenheit angefertigt.

Neue Baustoffe und neue Konstruktionen

Das 20. Jahrhundert bringt neuen, umwälzenden Schwung in die Architektur. Technischer und konstruktiver Fortschritt eröffnen dem Bauen neue Möglichkeiten und Perspektiven. Nach den Eisen- und Betonkonstruktionen des 19. Jahrhunderts folgen mit dem Beginn des 20. Jahrhunderts neue Stile und Entwicklungen und es werden auch die Methoden der Architekturdarstellung – nicht nur des Modellbaus – weitergedacht.

Dabei entwickeln die Architekten neue Prinzipien der Architekturzeichnung – perspektivische Bilder treten vor den klassischen zweidimensionalen Aufrissen in den Vordergrund. Plastische Architekturmodelle aus Modelliermasse entstehen. Der Maßstabssprung, den Städtebau und Architektur in diesem Jahrhundert nehmen, zeichnet sich in den großen Modellen ganzer Städtebau-Ensembles ab. Der technische Fortschritt verändert den Architekturmodellbau grundlegend, wodurch sich das Handwerk des Modellbauers eigenständig im Kontext des Planungsprozesses behaupten kann. Modelle werden handwerklich immer exakter und technisch präziser – signifikant für die Architekturen, denen sie vorauseilen. Da auch die Fotografie ähnlich schnelle Fortschritte macht, werden beide Medien kombiniert. Mit Hilfe der Architekturmodelle werden perspektivische Fotos an Stelle der bis dahin üblichen analog gezeichneten Raumdarstellungen produziert.

In der zweiten Hälfte des 20. Jahrhunderts wird das Modell mehr und mehr zum zentralen Bestandteil einer experimentellen Methodik des Entwerfens. Den Architekten fehlt es oft an Erfahrung im Umgang mit neuen Werk- und Baustoffen sowie Konstruktionsprinzipien. Diese werden deshalb an analogen Modellen ausprobiert und studiert. Bedeutend für die Entwicklung neuer Modellarten ist die Arbeit Frei Ottos (1925–2015), dessen innovative Trag- und Raumstrukturen die Architektur seiner Zeit weitreichend beeinflussen.

[12]
Erhaltenes Holzmodell des Observatoriums „Jantar Mantar" in Jaipur, 1724, Indien. Nur mit Hilfe des Modells ermittelte man damals empirisch die präzise Geometrie des Bauwerks und seiner Verwendung als Sonnenuhr.

[13]
Frei Otto, Modell Netzkonstruktion, 1964

[14]
Frei Otto, Tragwerksmodell aus Seilen, 1961

[15]
San Pietro di Montorio („Tempietto") in Rom von Donato Bramante, angefertigt in Alabastergips von Bernd Grimm für die Sammlung Ungers in Köln

[16]
Präsentationsmodell mit offener Seitenwand. Das Modell aus der Epoche der Postmoderne knüpft nicht nur in der Gestalt, sondern auch in der Tradition an die Holzmodelle der Renaissance an. Heinz Mohl, Wohnhaus Mohl, 1983, Birkensperrholz und Birkenfurnier

[14]

[15]

[16]

[17]
Hans Scharoun, Haus Schminke, Löbau, 1930–33, 1:50, Holz, weiß gestrichen

Darstellung der Architektur

2

In der historischen und gegenwärtigen Betrachtung nimmt das Modell eine eigenständige Position bei der Darstellung und Vermittlung architektonischer Entwürfe ein. Alleinstellungsmerkmal dieses Mediums ist die einzige, oder noch präziser ausgedrückt: einzigartige Möglichkeit, den Raum in seinen wahrhaftigen Dimensionen, nämlich dreidimensional, in einer Verkleinerung abzubilden. Zeichnungen, Skizzen und Perspektiven setzen auf verschiedenen Ebenen das räumliche Vorstellungsvermögen des Betrachters voraus. Selbstverständlich steht das Modell nicht in Konkurrenz zur Zeichnung, beides ist notwendig in allen Phasen einer Planung. Auf dem Blatt wird der Eindruck des Raums in der Vorstellung jedes einzelnen Betrachters individuell geformt, beim Modell ist er unmittelbarer ablesbar und in jedem Fall erfahrbar. Nichtsdestoweniger hat das Modell mit allen übrigen Medien der Architekturdarstellung gemein, dass es eine Interpretation und abstrakte Adaption der architektonischen Idee ist – verstanden als verkleinertes Abbild und Essenz des gebauten Objekts. Wie bei jedem Medium ist die Wahl des geeigneten Maßstabs wichtig für die erwünschte Wirkung.

[18]

Rolle des Architekturmodells

Heute sind Modelle meist im Kontext der Praxis und des Entwurfprozesses zu verstehen. Zuerst einmal ist das Modell nicht mehr und nicht weniger als ein Werkzeug des Architekten, Instrument zur Kontrolle der eigenen Arbeit, verbunden mit der Erkenntnis und der Möglichkeit zur Korrektur. Entwerfen kommt gar nicht aus ohne den manchmal unendlich anmutenden Vorgang des Verwerfens. Dies macht jedes Modell deutlich, indem es auf die Potentiale und Schwächen des architektonischen Ansatzes gleichermaßen hinweist. Neben der Kontrolle des Entwurfs an sich ist das Modell unersetzlich bei Wettbewerben, bei denen verschiedene architektonische Lösungen zu ein und derselben Bauaufgabe in Konkurrenz treten und verglichen werden sollen. Die Gegenüberstellung der Arbeiten wird erleichtert durch die dreidimensionale Veranschaulichung der Gebäude – sei es eine städtebauliche oder direkt architektonische Aussage, die das Modell vermittelt. Noch weitere Rollen sind dem Modell zuzugestehen: Schon im Studium während der ersten Semester werden die jungen Studierenden in jedem Lehrkonzept mit dem experimentellen Ansatz vertraut gemacht. Man muss seine Ideen ausprobieren, um für die architektonische Lösung den richtigen Weg zu finden. Und die Erkenntnis verfolgt jeden Architekten sein ganzes Leben lang. Es gibt nicht den einen Weg, es gibt nicht den offensichtlichen Weg und meist nicht den geradlinigen Weg zur Lösung der Aufgabe. Architekten sind (in der Regel) keine „Wiederholungstäter", die ein bewährtes Konzept eins zu eins übertragen. Auf eine gewisse Art bleibt jeder ein Forschender, immerwährend auf der Suche nach der besten Lösung für die gestellte Aufgabe.

[18]
Egon Eiermann, Haus Eiermann, Baden-Baden, 1959–62, 1:50, Holz, PS-Hartschaum, Wellpappe, weiß gestrichen

Modelle und andere Medien der Darstellung

Das Architekturmodell stellt ein wesentliches Arbeitswerkzeug im Entwurfsprozess dar und es steht auf einer Stufe mit dem anderen elementaren Medium: der Zeichnung.

Architekturzeichnungen sind neben dem Modell die klassische Form der Darstellung. Hierzu zählt die einfache, schnell erstellte Skizze, frei von Hand auf Papier gezeichnet. Spontan auf das Papier gebracht, beginnt hier der Prozess des Entwerfens, ganz natürlich, althergebracht und bewährt. Selten fassen Entwerfende den allerersten Gedanken mit einem Modell, denn die Skizze gelingt schnell und unkompliziert und die Idee artikuliert sich in Strichen und Linien.

Anschließend kommt das technische Zeichenwerkzeug ins Spiel, ob noch traditionell mit Reißschiene, Geodreieck und Zeichenstift oder – wie es mittlerweile die Regel ist – mittels Zeichenprogrammen auf dem Computer. Hiermit werden alle zweidimensionalen Planzeichnungen erstellt. In jedem Fall spricht man bei der Darstellung eines Projekts von mehreren Zeichnungen – der Plural macht den ersten Unterschied zum Modell bereits deutlich: es werden gleich eine Anzahl von Zeichnungen benötigt, um den architektonischen Raum in seiner Gesamtheit abzubilden.

Analoge Zeichnungen

Grundrisse „erzählen" den Entwurf in der – laut Definition einen Meter über dem Fußboden geschnittenen – horizontalen Projektionsebene. Meist steht er am Anfang und erklärt grafisch und typologisch das Prinzip, das der Entwerfende dem Bauwerk im wahrsten Sinne des Wortes zugrunde gelegt hat. Mit dem Schnitt durch die Vertikale wird weiter beschrieben und die Ansichten komplettieren die Aussagen zum Gebäude. Es ist festzustellen, dass nicht eine Zeichnung hinreichend oder auskömmlich ist, um den Raum, um den es sich nach wie vor handelt, darzustellen und abzubilden, sondern es braucht die Summe der einzelnen Zeichnungen, die erst durch die Vorstellung des Betrachters die Informationen zu einem Ganzen zusammenfügt. Das Talent des räumlichen Vorstellungsvermögens wird unbedingt vorausgesetzt, um die Zeichnungen zu interpretieren und den Raum erlebbar zu machen. Bauherren beispielsweise, die im Lesen und Interpretieren architektonischer Pläne nicht versiert sind, erkennen nicht ohne Weiteres

[19]

[20]

[19]
Ludwig Mies van der Rohe, Haus Tugendhat, Brno (Brünn), 1929–30, 1:50, Pappe, Acrylglas
[20]
Ludwig Mies van der Rohe, Farnsworth House, Illinois, 1945–51, 1:50, Holz, Acrylglas, farbig gestrichen
[21]
Ludwig Mies van der Rohe, Landhaus in Backstein, Entwurf, 1924

[21]

die räumliche Komplexität eines Entwurfs anhand der Pläne, die ihnen vorgelegt werden.

Es gibt neben den einfachen zweidimensionalen Zeichnungen weitere Mittel, wie die Perspektive und die Axonometrie, um die räumliche Darstellung auf das flache Papier zu übertragen. Diese besetzen jeweils durch die bewusste Entscheidung des Zeichners einen einzigen Stand- und Blickpunkt und stehen für sich separat. Neben diesen analogen Methoden ergänzen heutzutage computergestützte Werkzeuge das Spektrum der Darstellungsweisen. Fotorealistische oder auch atmosphärisch angelegte Renderings ergänzen im digitalen Zeitalter die Möglichkeiten, wie Architektur vermittelt wird, wie der Professionelle dem Laien die Idee begreifbar machen kann.

Digitales Medium – Building Information Modeling

Der Terminus Modell wird neben dem klassischen Architekturmodell von einem weiteren Medium besetzt, das mit dem englischen Begriff *Building Information Modeling* (abgekürzt BIM) bezeichnet wird. Hierbei versteht man unter Modell eine Art der virtuellen Darstellung eines Gebäudes. Alle Informationen werden in einem digitalen Modell zusammengeführt, neben den geometrischen Daten, das der Architekt entwickelt hat, werden technische Daten und alle im gesamten Planungs- und Ausführungsprozess relevanten Parameter berücksichtigt. Daraus ergibt sich ein Konvolut von Daten, das in der Summe das Gebäude beschreibt, und die an der Planung und am Bau Beteiligten greifen im virtuellen Raum darauf zu. Nur ein Bestandteil dieses komplexen Planungswerkzeugs beschäftigt sich vordergründig mit der Architekturdarstellung, nämlich die daraus generierte digitale Visualisierung des Raums. Je komplexer die Bauaufgabe und die Schnittstellen sind, die alleine schon durch die Vielzahl der Beteiligten entstehen, desto mehr versteht man den Nutzen dieses virtuellen Modells.

Doch stehen die virtuellen Modelle – sofern die Verwendung desselben Wortes überhaupt korrekt ist – in Konkurrenz zu den physischen, den analogen Modellen? Ist das Architekturmodell antiquiert? Zur Beantwortung dieser Frage soll ein kurzer Vergleich zur Musik gezogen werden: „Architektur ist gefrorene Musik", schrieb der Philosoph Arthur Schopenhauer (1788–1860). Und wie verändert die Digitalisierung den Bereich der Musik? Synthesizer oder Computer ersetzen weder ein Klavier noch eine Orgel. Selbstverständlich ist es ein grundsätzliches Phänomen des Fortschritts, dass Dinge sich verändern oder Altes durch Neues ersetzt wird. Doch genauso grundsätzlich ersetzt das Neue nicht zwangsläufig alles bisher Dagewesene. Vielmehr erweitert der Fortschritt die Möglichkeiten. Dies gilt für die Musik. Dies gilt für die Architektur, im Besonderen für die Methodik des Entwerfens und Konstruierens.

[22]
Das zerlegbare Gebäudemodell beinhaltet alle räumlichen Aussagen des Entwurfs. 1:100, Graupappe

Typologie

3

Der gebauten Wirklichkeit geht in der Regel der Entwurf eines Architekten voraus. Bevor ein Gebäude im Maßstab 1:1 errichtet wird, finden etliche Planungsprozesse statt, um eine Idee bis zu ihrer Realisierung weiterzuentwickeln. Aber nicht jeder Entwurf führt zu einer gebauten Wirklichkeit: Eine Vielzahl an architektonischen Entwürfen, Ideen und Idealvorstellungen bleiben nur Visionen auf dem Papier oder eben in einem Modell. Auch das Verfahren eines Architekturwettbewerbs produziert für ein und dieselbe Planungsaufgabe eine Vielzahl an Lösungen, von denen im besten Fall eine einzige gebaut wird, alle anderen Entwürfe verschwinden in Schubladen und Planschränken. Auch die Studienarbeiten an Universitäten und Hochschulen sind nur Trockenübungen, die den einzigen Zweck verfolgen, durch wiederholtes Üben das Entwerfen als methodischen Prozess zu vermitteln.

In allen Entwurfsprozessen ist somit das Architekturmodell die gebaute Formulierung des Geplanten. Kommt es zur Realisierung, ist es die Vorwegnahme des Gebauten in verkleinerter Form. Kommt es nicht zur Umsetzung, bleibt es oftmals das einzige Zeugnis des Geplanten.

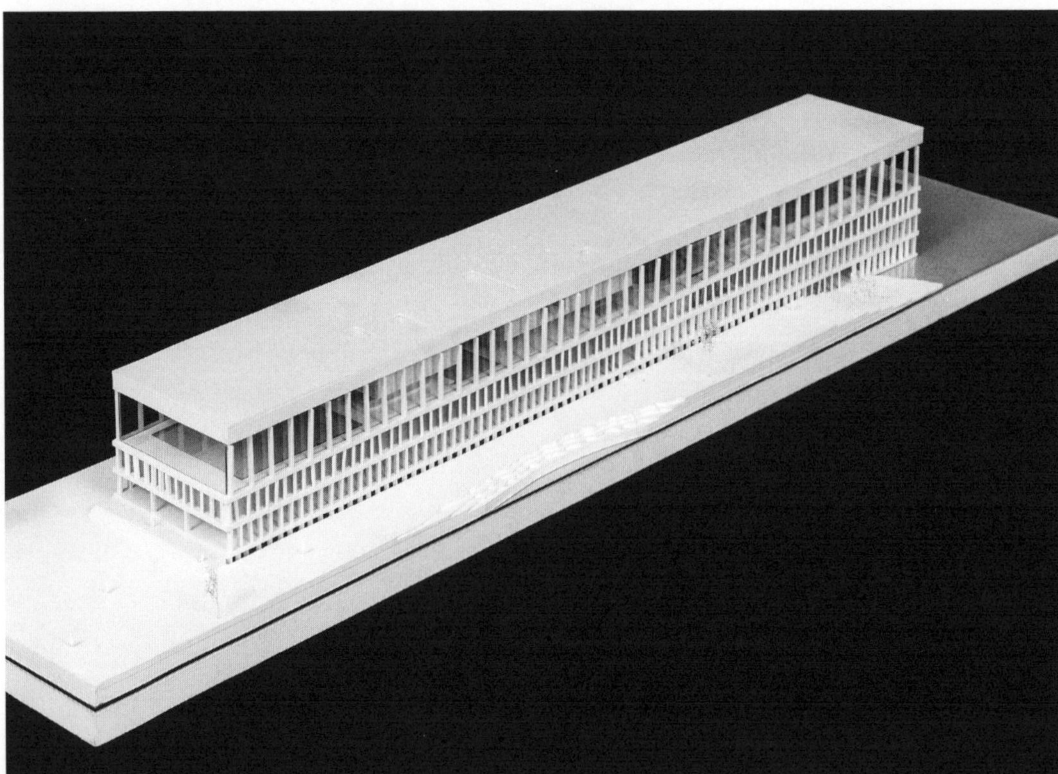

[23]

Maßstab

Der Maßstab ist eine grundlegende Vokabel im Fachjargon von Architekten, Stadtplanern und vielen gestalterischen Berufen. Was bedeutet der Maßstab? Was und wie wird gemessen? Wird überhaupt immer „gemessen"? In den Anfängen des Studiums der Architektur wird man sehr früh mit dem Maßstab konfrontiert: ein einfaches Werkzeug mit drei Kanten und vielen verschiedenen Skalen, das jeweils unterschiedliche, große und kleine, Maßstäbe anzeigt. Man kann umrechnen und verstehen, in welcher Größe etwa eine Tür in einem Grundriss im Maßstab 1:100 dargestellt werden muss, damit sie maßstäblich ist im Verhältnis zu allen anderen Teilen eines Zimmers oder einer Wohnung.

Vor allem setzt man sich intensiv und wahrscheinlich erstmalig bewusst damit auseinander, dass sich der Maßstab beim Bauen auf den Menschen bezieht. Es geht um die Verinnerlichung des menschlichen Maßstabs, der den Ausgangspunkt für alles Gestaltete bildet. Unsere Körpergröße definiert die Maßhaltigkeit der Architektur, die für den Menschen gemacht wird. Der Mensch selbst ist die Einheit und die wichtigste Bezugsgröße für den im Modell abgebildeten Raum. Der eigene Stand- und Blickpunkt ist somit verantwortlich für die Wahrnehmung des Ausdrucks, den der architektonische Raum vermittelt.

Um Entwerfen zu können, braucht es somit das Verständnis für das Maß der Dinge. Welcher Gegenstand, welches Bauteil, welches Element ist wie groß? Grundlegende Dinge wie das Gehen, Stehen, Sitzen und Liegen, also der unmittelbare Kontakt des menschlichen Körpers mit architektonischen Elementen bilden ebenso die Basis für ein Grundverständnis von Maßstab wie die Verhältnismäßigkeit von Dimensionen. Ohne die intensive Auseinandersetzung mit den Maßen von Fenstern, Türen und Treppen sowie mit Grundflächen und Höhen von Innenräumen ist ein Entwurf nicht denkbar. Bis in den Kontext des Stadtraums hinein wird sich immer wieder die Frage nach dem angemessenen Maßstab stellen.

Auch das Modell bewegt sich immer in einem Maßstab. Auch hier wird umgerechnet, die Realität wird verkleinert. Soll eine Wand in Wirklichkeit 20 Meter lang werden, so sind es im Modell nur 20 Zentimeter, ein entscheidender Vorteil in der Handhabung. Ohne Maßstab gibt es kein Modell. Die Miniatur braucht als erste Entscheidung des Modellbauers die Bezugsgröße zur Wirklichkeit.

Abstraktion

An die Entscheidung für einen bestimmten Maßstab knüpft sich unmittelbar die Frage nach der Abstraktion. Wenn beispielsweise um den Faktor 100 verkleinert – heruntergezoomt – wird, lösen sich Details, für die Wirklichkeit selbstverständliche Dinge auf oder reduzieren sich auf das Wesentliche.

Wie lässt sich Abstraktion im Architekturmodellbau begreifen? Die dreidimensionale Verkleinerung kann analog zur Architekturzeichnung verstanden werden: Dachziegel eines Steildaches werden in einer Ansicht nicht en détail gezeichnet, sondern lösen sich in ihrer Struktur auf und nur das Wesentliche wird dargestellt: vertikale Linien, die das Gefälle und das Fließen des Regenwassers auf der Dachfläche erklären. Ebenso werden Fenster auf die Öffnung in der Wand reduziert, welche Art und Konstruktion des Fensters im Bau zur Anwendung kommt, das klärt die Zeichnung zu diesem Zeitpunkt nicht. Dieses Prinzip kann auf den Modellbau übertragen werden. Der Maßstab gibt den Grad der Abstraktion vor, er bestimmt wie konkret und gegenständlich in Bezug auf die Wirklichkeit dargestellt wird. Um überzeugend zu abstrahieren, ist eine sorgfältige Auseinandersetzung mit der Wirklichkeit unumgänglich. Abstraktion kann sich auf alle Aspekte beziehen, die Architektur ausmachen: die Materialität, die Stofflichkeit, die Struktur,

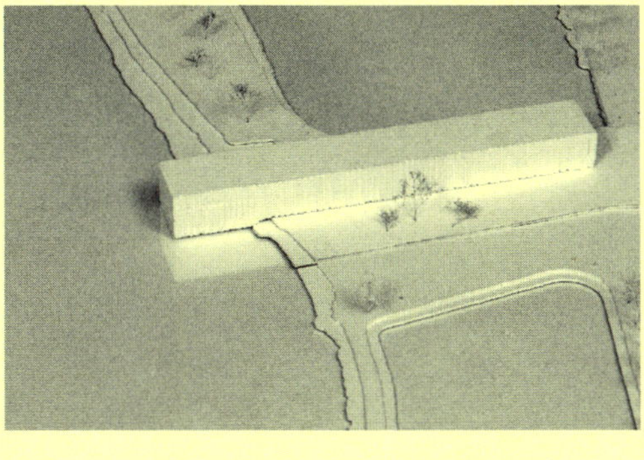

[24]

[23/24]
Das abstraktere Städtebaumodell (1:500) erklärt das Gebäude in seiner Masse im Kontext der Umgebung. Das Gebäudemodell (1:200) erklärt die architektonische Idee.
[25]
Aus dem Maßstab resultiert die Form der Darstellung: Der Entwurf reduziert auf das Volumen (1:1 000) oder vermittelt die konkrete Aussage der Gestalt (1:200).

[25]

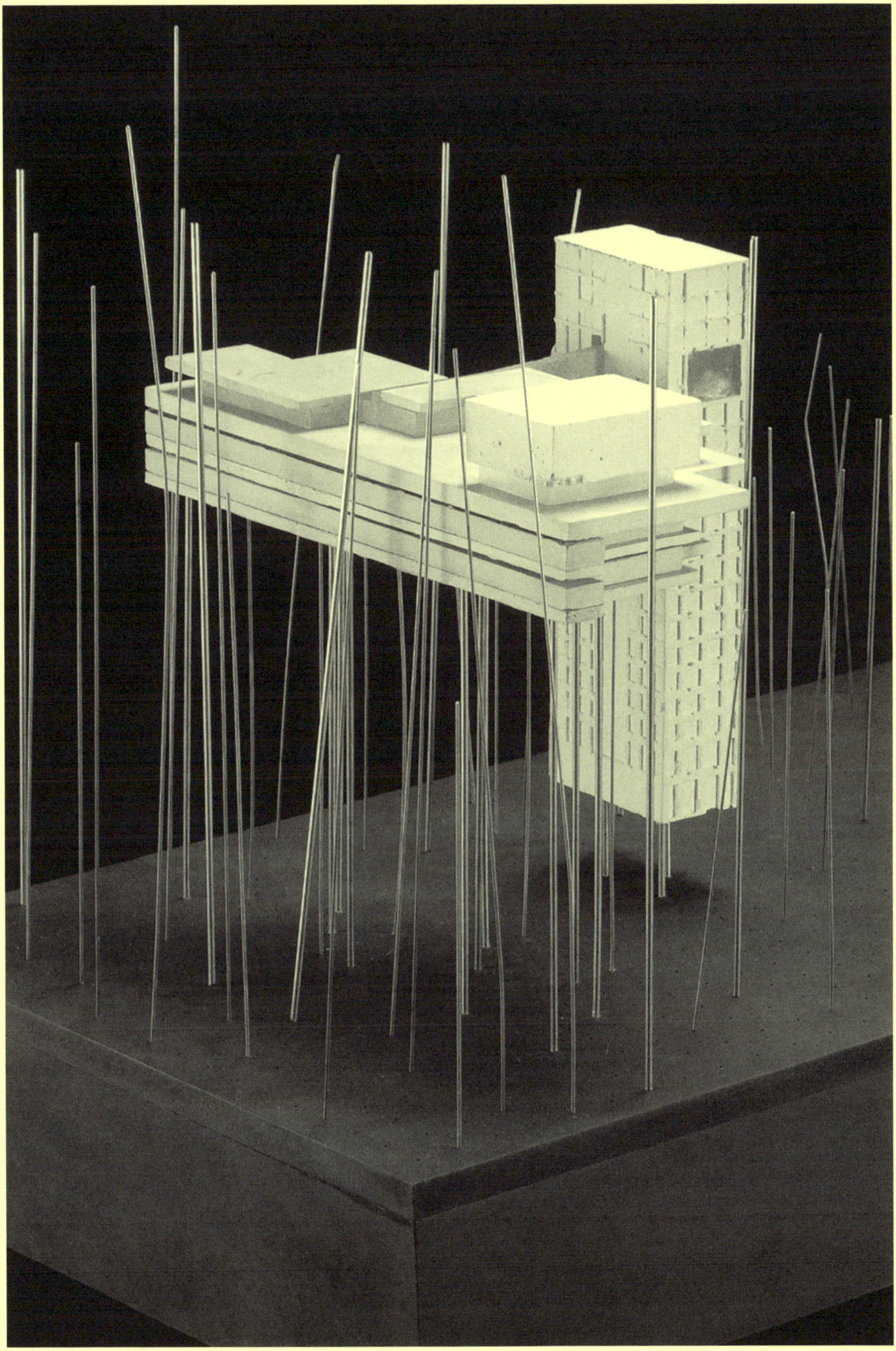

[26]

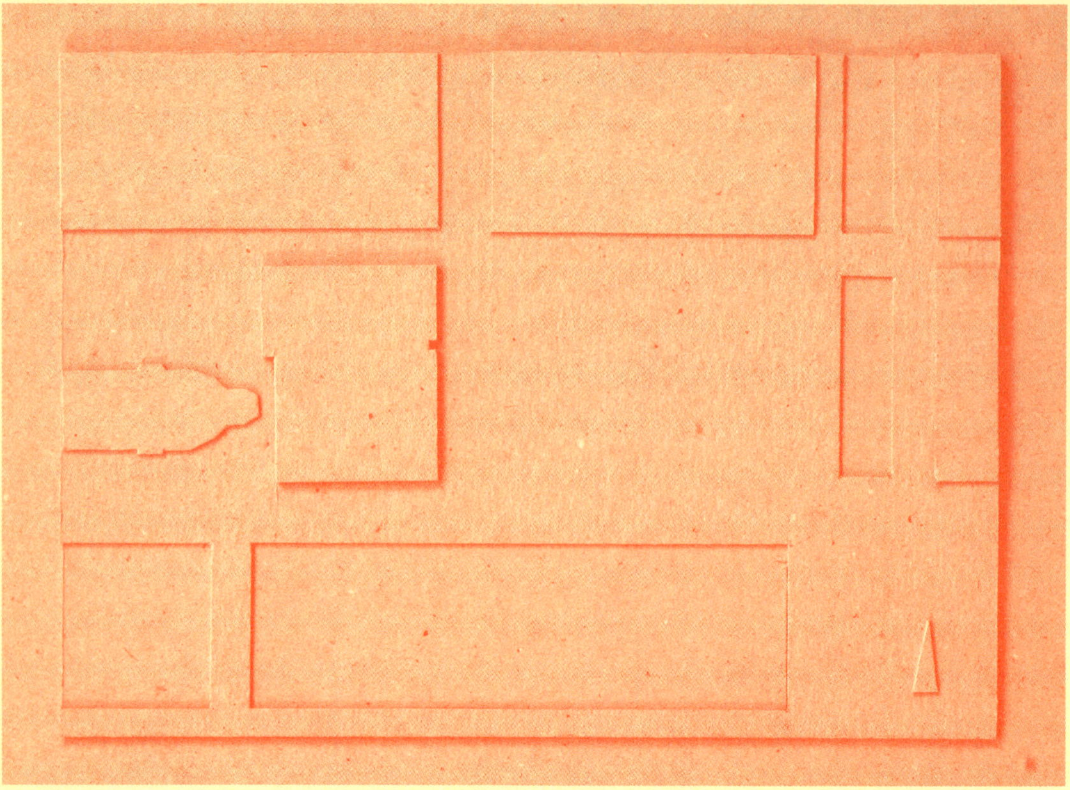

[27]

[28]

die Textur von Oberflächen. Eindruck und Charakter bleiben erhalten oder werden durch die Verkleinerung auf kreative Weise übersetzt und interpretiert.

Abstraktion und Reduktion erzeugen im Architekturmodell den Fokus auf das Wesen des architektonischen Entwurfs, auf die räumliche und strukturelle Aussage, die der Entwurf vermittelt. Dies geschieht nicht wie selbstverständlich beim Bauen, sondern erfordert eine konsequente Auseinandersetzung mit der Entwurfsidee, damit im Ergebnis genau diese Kernaussage sichtbar wird. Dabei kann das Architekturmodell nicht nur als fertiges Produkt eine Erkenntnis liefern, sondern bereits der Vorgang des Bauens, dieser dynamische Entstehungsprozess mit einer Vielzahl mehr oder weniger komplexer Entscheidungen hat im wahrsten Sinne des Wortes Modellcharakter. Und auch ein realisiertes Bauwerk behält einen modellhaften Charakter im Maßstab 1:1, dem Maßstab unserer gebauten Umwelt und uns umgebenden Landschaft. Das wirkliche Planen und Bauen bleibt auf seine eigene Art modellhaft, denn keine Bauaufgabe wiederholt sich in all ihren Parametern, denen sie unterliegt.

[26]
Die Topografie wird abstrakt, interpretiert als negative Masse, 1:5 000, Gips und Messingstäbe

[27]
Gunnar Asplund, Rathaus, Göteborg, 1934–37, 1:1 000, Graupappe. Das Lageplanmodell stellt einen Hybrid aus Zeichnung und Modell dar.

[28]
Gebäude und Landschaft im Dialog, 1:5 000, Gips

Modelltypen

Für die Beschreibung und Einordnung von Architekturmodellen ist der Begriff der Typologie hilfreich und legitim. Darüber hinaus erklärt sich die Art des Modells entweder aus der Entwurfsaufgabe oder aber daraus, zu welchem Zeitpunkt des Entwurfsprozesses es herangezogen wird.

Die den Typen vorangestellten Maßstäbe sind nur als Anhaltspunkt dafür zu verstehen, in welchen Dimensionen der jeweilige Typ üblicherweise dargestellt wird. Die endgültige Festlegung des Maßstabs richtet sich nach einer Vielzahl von Vorgaben, nicht zuletzt ganz pragmatisch danach, welche Größe (Länge, Breite und Höhe) und welches Gewicht das fertige Modell haben soll.

1. Landschaftsmodelle und topografische Modelle (Maßstäbe 1:50 000, 1:20 000, 1:10 000, 1:5 000)

Mit diesen Architekturmodellen nähert man sich in einem großen Maßstab dem landschaftlichen Kontext. Große naturräumliche Zusammenhänge, die entweder für sich untersucht oder im Kontext einer Entwurfsaufgabe bearbeitet werden, können räumlich dargestellt werden. In der Landschaftsarchitektur und Freiraumplanung helfen diese Darstellungen, die markanten und den Ort prägenden Bestandteile analytisch herauszuarbeiten. Gerade wenn es um topografische Sachverhalte geht, wenn z. B. komplexe Geländeprofile vorliegen, dann kann das Modell gezielt eingesetzt werden, um die vorgefundenen Begebenheiten realistisch zu begreifen.

Der Grad der Abstraktion ist in diesen Objekten sehr hoch. Ein Gelände wird meist in abstrakte Schichten zerlegt, die nicht den natürlichen, organischen Verlauf einer Schräge wiedergeben, sondern gleichsam übereinandergestapelt sind. Analog zur Kartografie werden die maßhaltigen Höhenlinien als Kante interpretiert – ein Vorteil beim Lesen des Modells und beim Bauen selbst. Die landschaftsprägenden Elemente wie Vegetation, Wasserflächen und Bebauung (Stadt- und Siedlungsbereiche sowie einzelne solitäre Bauten in der Landschaft) reduzieren sich auf grundlegende Eigenschaften: Vegetation als zergliederte poröse Masse über der landschaftlichen Fläche, Wasser als horizontale, eventuell reflektierende und die Uferkante spiegelnde Fläche und Bebauung in Form von einfachen Massen.

2. Lageplanmodelle, Städtebaumodelle, Stadtraummodelle (Maßstäbe 1:2 000, 1:1 000, 1:500)

Ein Entwurf ist selten in einer nur von Natur und Landschaft geprägten Umgebung verortet. Häufiger steht er in einem städteräumlichen Kontext, ordnet sich in eine dörfliche oder historisch gewachsene Siedlungsstruktur ein. Oftmals muss der Planende

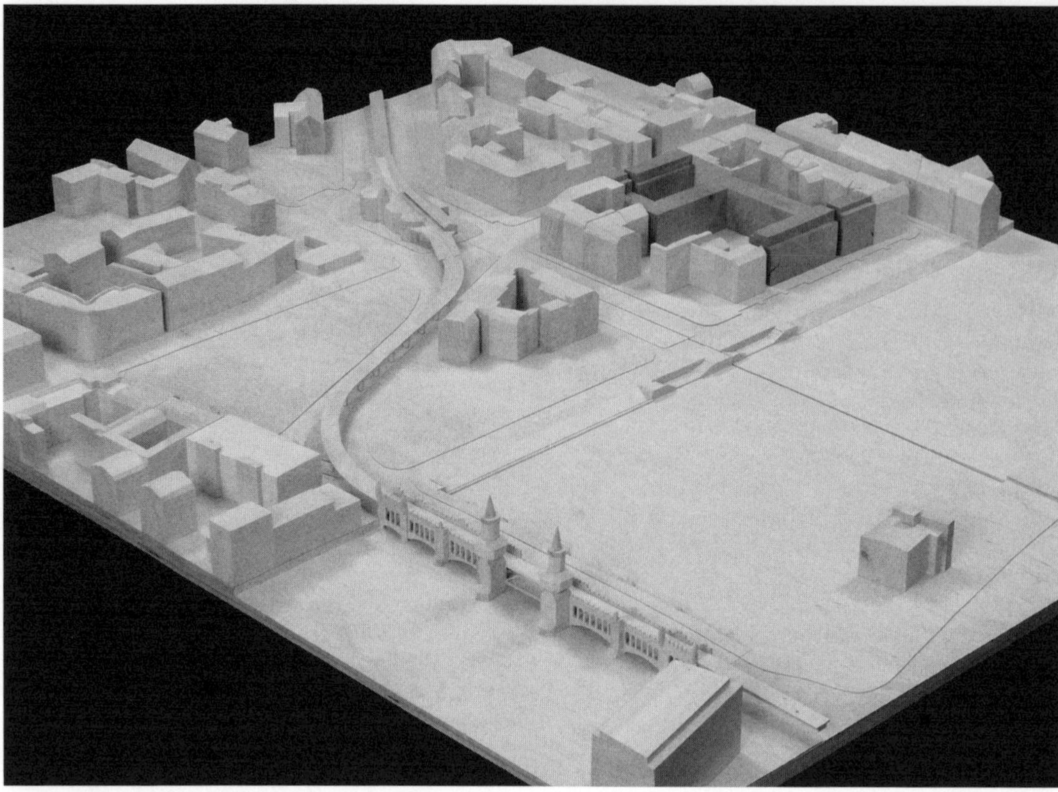

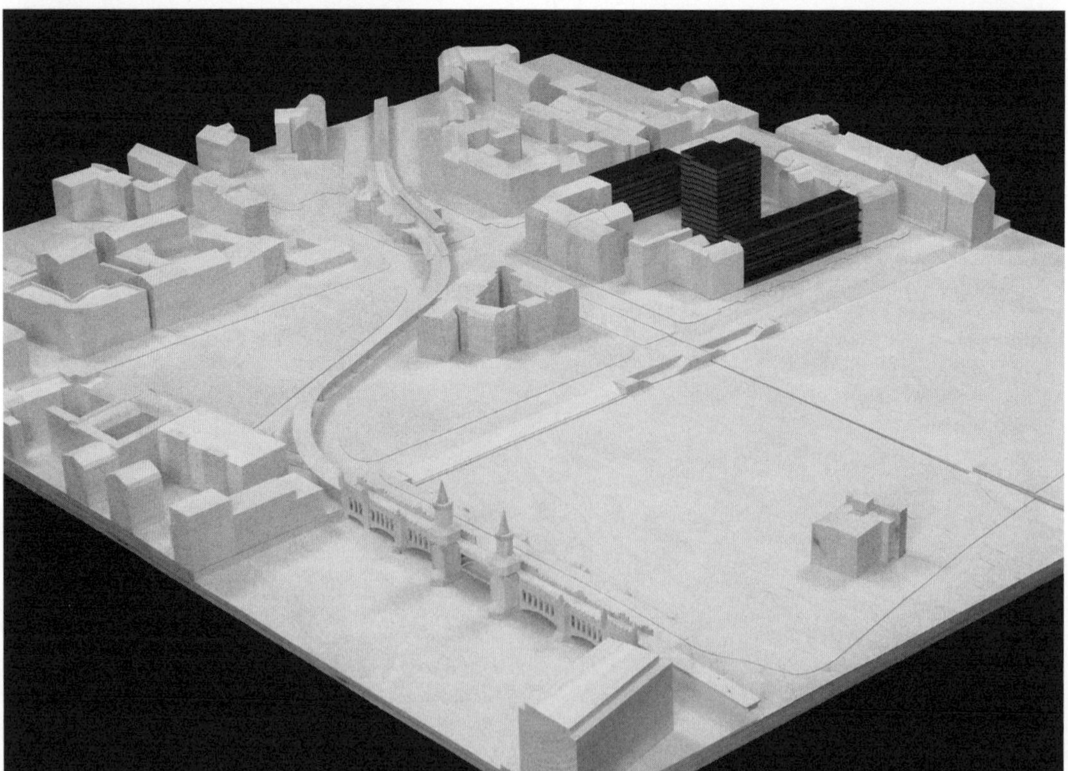

[29]

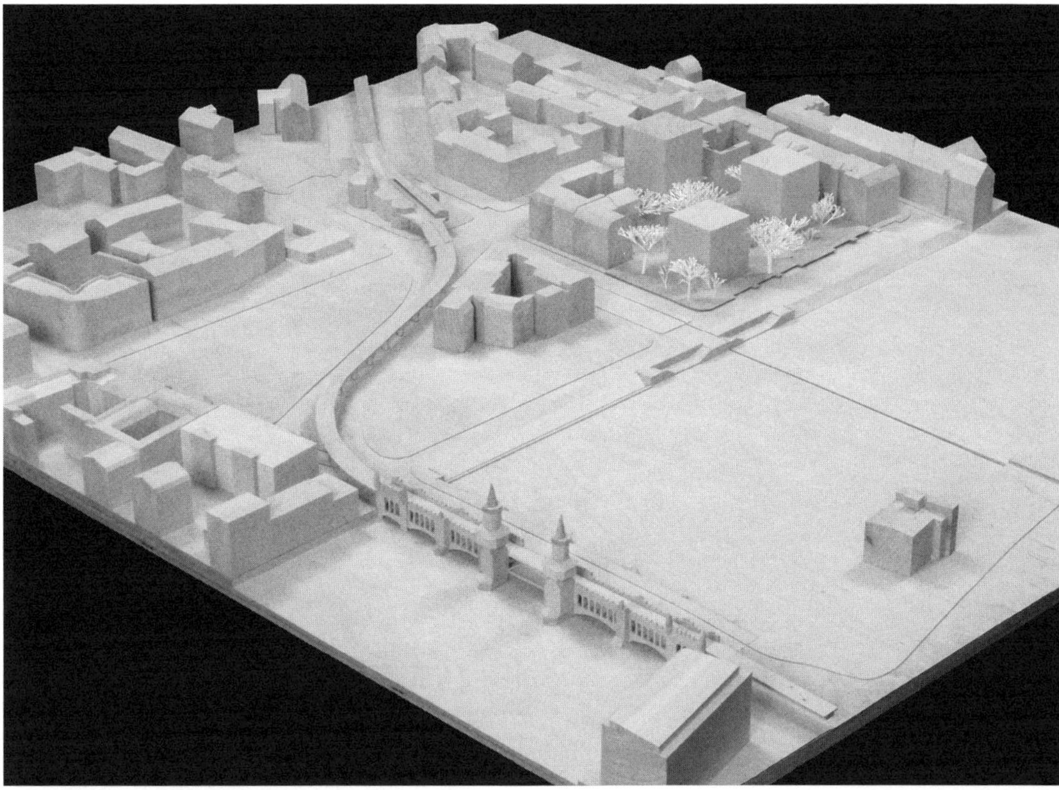

[29]

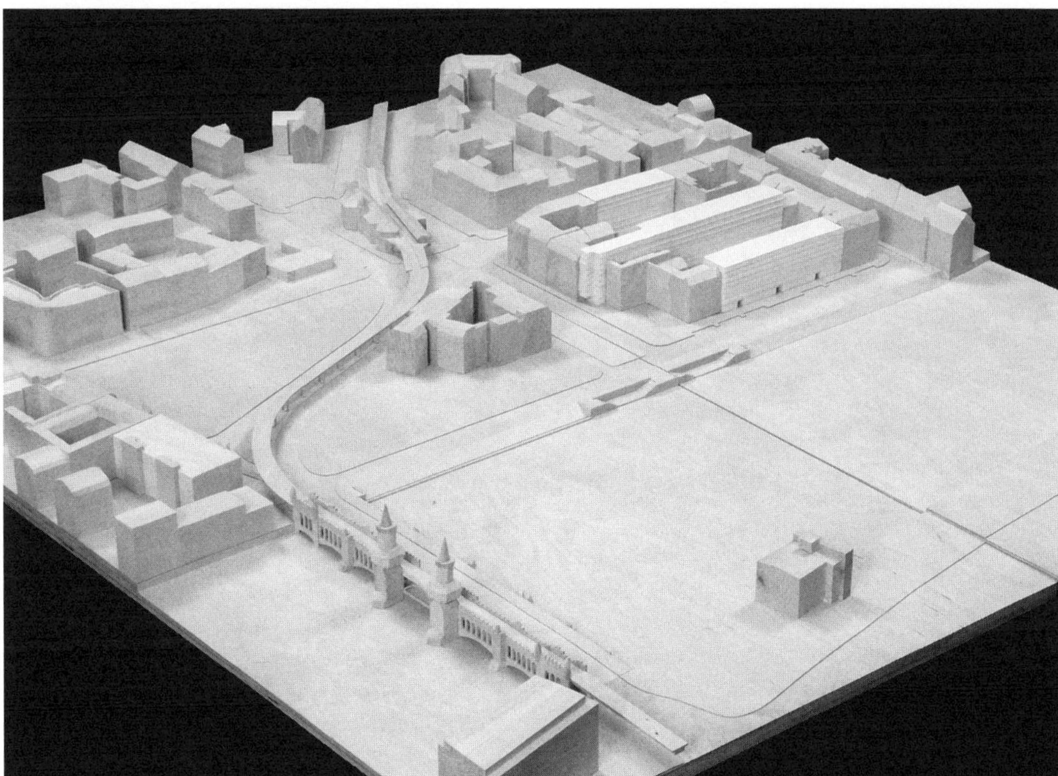

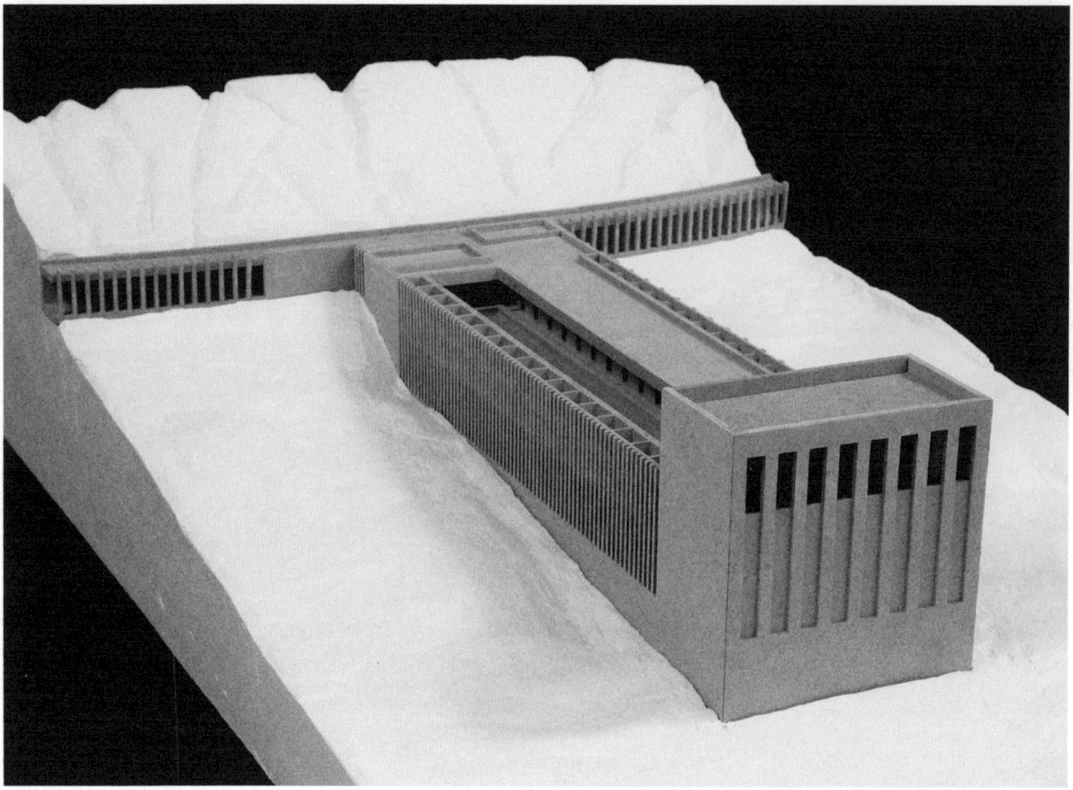

[30]

[29]
Stadtmodell Berlin, Oberbaumbrücke – Entwurfsvarianten, 1:1 000, Massivholz Ahorn
[30]
Komposition und Proportionen der architektonischen Elemente kommen zum Ausdruck.
[31]
Stadtmodell Karlsruhe: Neben räumlichen werden entwurfliche Aussagen als dreidimensionales Piktogramm hinzugefügt.

die konkreten Zusammenhänge im Bestand berücksichtigen. Die wesentlichen räumlichen Parameter der Umgebung werden dann analytisch aufbereitet und sind Ausgangspunkt der architektonischen Bearbeitung. Es hat sich bewährt, ein Modell der Umgebung – üblicherweise im Maßstab 1:500 – zu erstellen, bevor das Entwerfen selbst beginnt. Die Peripherie des Baufelds einmal im Modell zu erstellen, kann dabei helfen, Zusammenhänge zu begreifen – vor allem, wenn es dem Architekten aus logistischen Gründen nicht möglich war, den Ort aufzusuchen.

In diesem Maßstab werden die wesentlichen – den Ort prägenden – Elemente schon konkreter herausgearbeitet, seien es beispielsweise signifikante Dachüberstände bei Gebäuden oder homogene Strukturen und Texturen bei Fassaden und Flächen. Der Architekt sollte dabei nicht aus den Augen verlieren, dass die Umgebung zwar einerseits einen bestimmten Charakter zum Ausdruck bringt, andererseits doch im Verhältnis zum dargestellten Entwurf im Hintergrund steht – wie ein Orchester zum Solisten (siehe Abb. 30, unten).

Um einen Entwurf zu erklären, werden meistens zwei oder drei Modelle mit unterschiedlichen Maßstäben herangezogen, die verschiedene Aussagen formulieren:

Erklärungsebene

1. Kontext (der Umgebung)
2. Entwurf (des Gebäudes)
3. Fokus (auf das Detail)

3. Gebäudemodelle (Maßstäbe 1:200, 1:100, 1:50)

Denkt man an ein Architekturmodell, dann meistens an das Modell eines Gebäudes. Trotz vielfältiger Möglichkeiten, Architektur im Modell festzuhalten und darzustellen, stellt das Gebäude als Ganzes die häufigste Aufgabe im Modellbau dar. In diesen detaillierten Maßstäben besteht die Möglichkeit, alle architektonischen Elemente, die den Entwurf einzigartig machen, umzusetzen und zu thematisieren. Nicht mehr der Kontext steht als Aussage im Vordergrund, sondern das Gebäude. Die wesentlichen Betrachtungskriterien sind:

Architektonische Gestalt

1. Maßstäblichkeit und Maßhaltigkeit
2. Fügung
3. Komposition
4. Proportionen – Verhältnis der Elemente zueinander

Struktur – Prinzipien der Konstruktion

1. Volumetrischer Ansatz (Masse und Hohlraum)
2. Wände und Decken als Platten und Scheiben
3. Ständerwerk und Skelettbauweise
4. Leichte, raumbildende Elemente

Der Entwurfsansatz gibt vor, auf welche Art und Weise das Architekturmodell konstruiert werden soll. Wird es ganzheitlich gebaut, so liegt der Fokus des Modells auf dem Gesamteindruck des Gebäudes nach außen. Das Gebäudemodell kann jedoch auch vielschichtige Informationen vermitteln. Sein detaillierter Maßstab erlaubt es, nicht alle Teile des Gebäudes fest miteinander zu verbinden, sondern das Modell wie einen Baukasten zu begreifen und es für eine genauere Betrachtung und Verwendung zerlegbar zu konstruieren, etwa wenn Teile wie Dächer und Wände oder ganze Gebäudeeinheiten und komplette Geschosse abnehmbar sind.

Unter den Gebäudemodellen stellt das Schnittmodell eine besondere Variante dar, da es nur das halbe Bauwerk zeigt. Vor allem bei symmetrisch geplanten Gebäuden ist es oft sinnfällig, das Modell aufgeschnitten darzustellen: Nicht nur wird dadurch die Symmetrie augenfällig, auch wird wie in einer

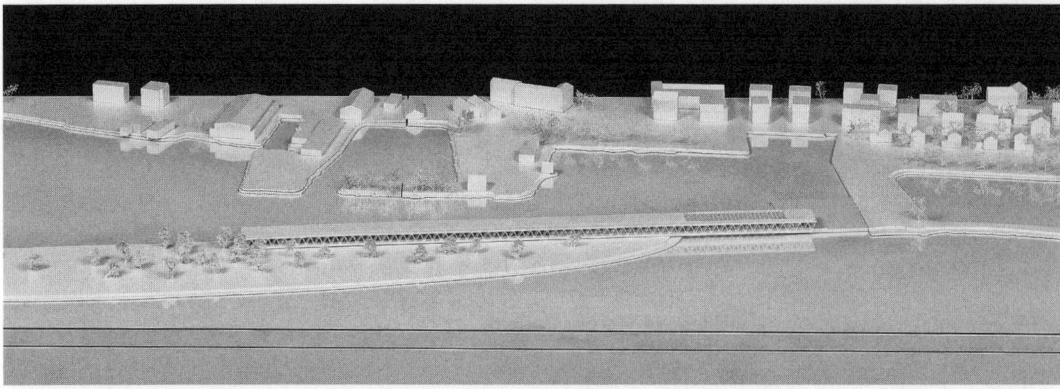

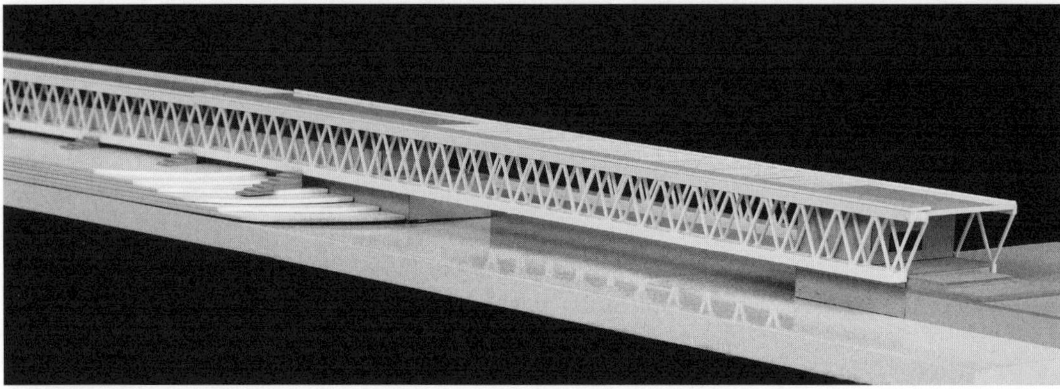

[32]

[33]

[34]

[31]
Stadtmodell von La Spezia mit Hafen / Küste, Entwurf am Wasser, 1:1 000, farblich hervorgehoben

[32]
Die Modelle führen das Auge des Betrachters von der ganzheitlichen Betrachtung hin zum signifikanten Detail, 1:500 → 1:200 → 1:20.

[33/34]
Die Machart bestimmt die Lesart des Entwurfs im Zusammenhang der Stadt und im Sinne der Architektur, 1:100 → 1:500.

[35]
Das zerlegbare Gebäudemodell beinhaltet alle räumlichen Aussagen des Entwurfs. 1:100, Graupappe

[36]
Das monochrome Modell fokussiert auf die Aussagen der architektonischen Gestalt.

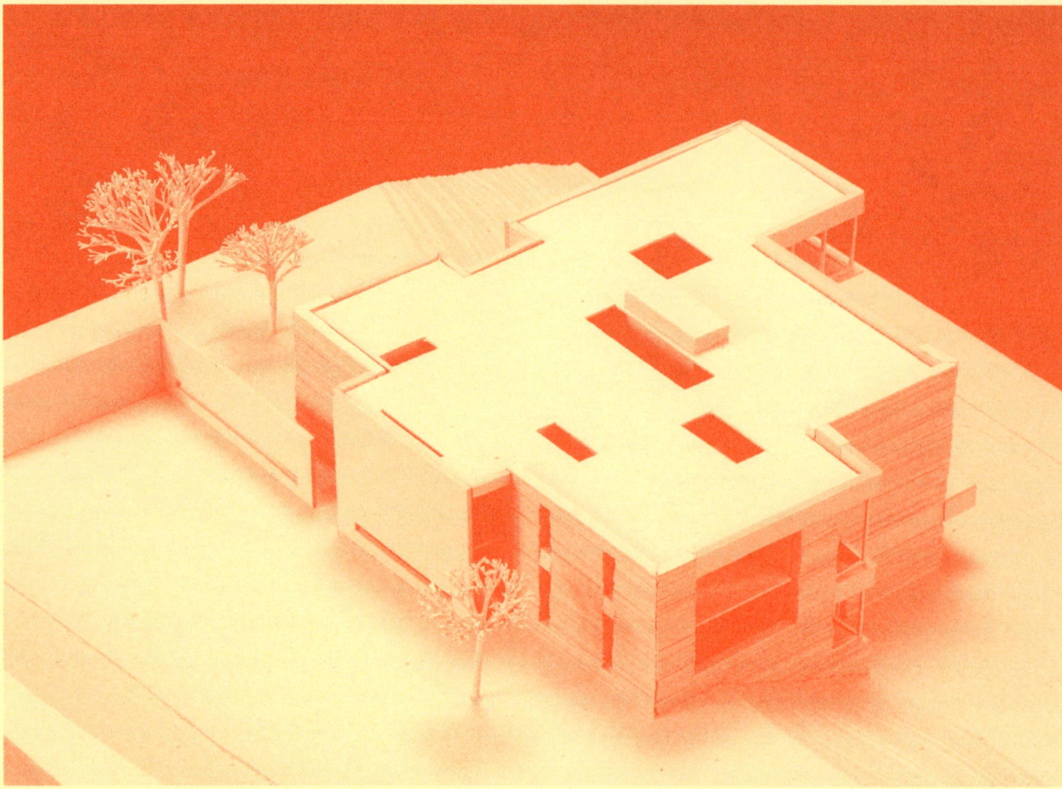

50

Typologie

[35]

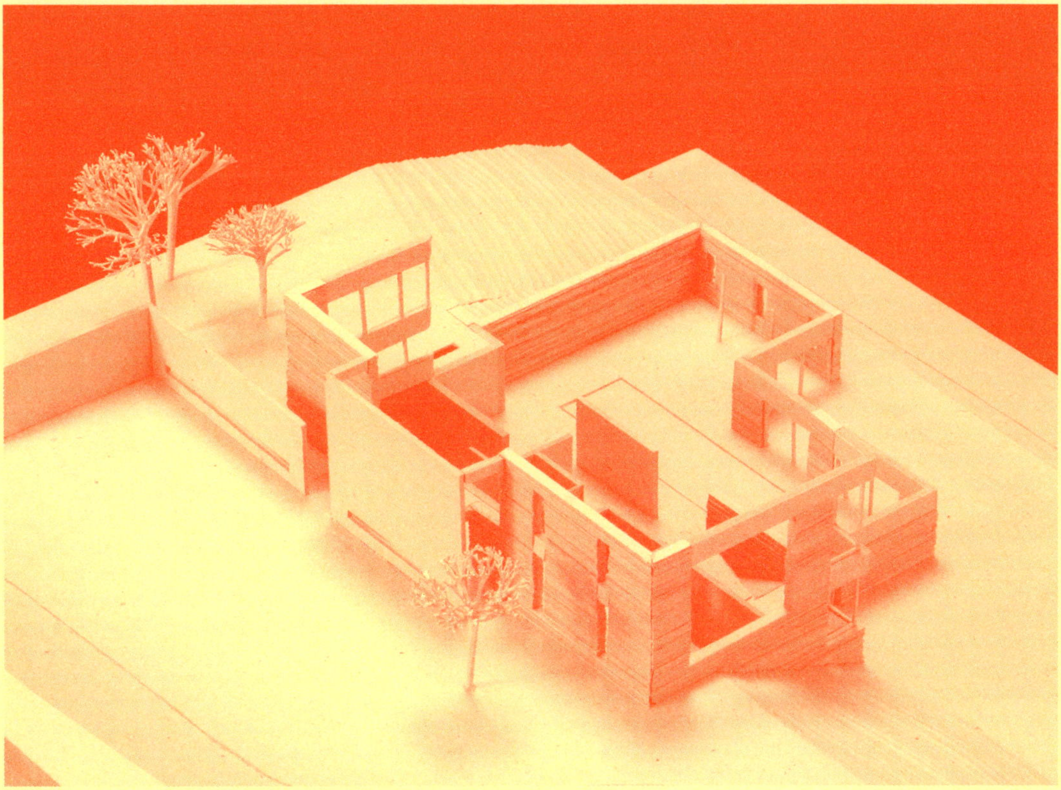

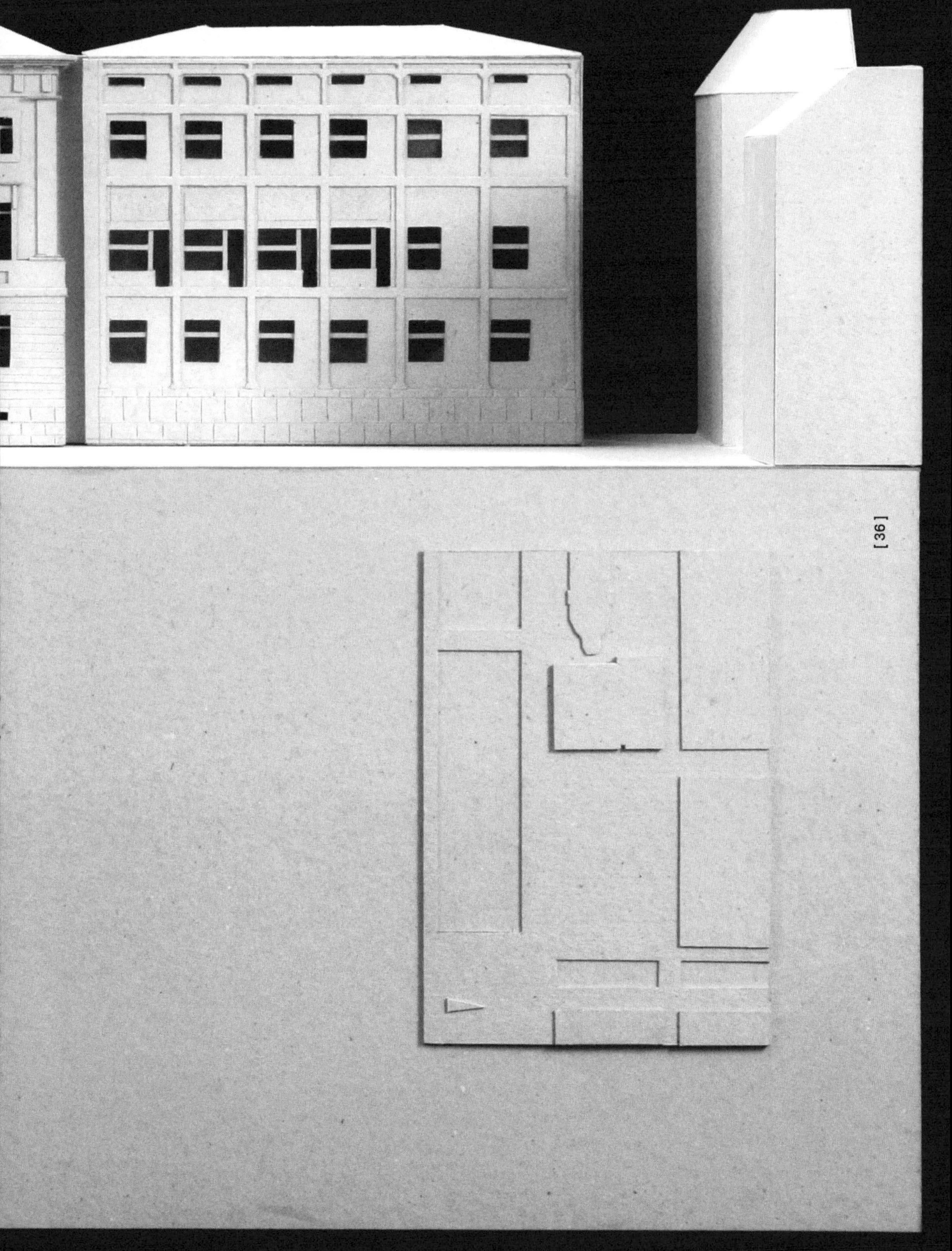

[36]

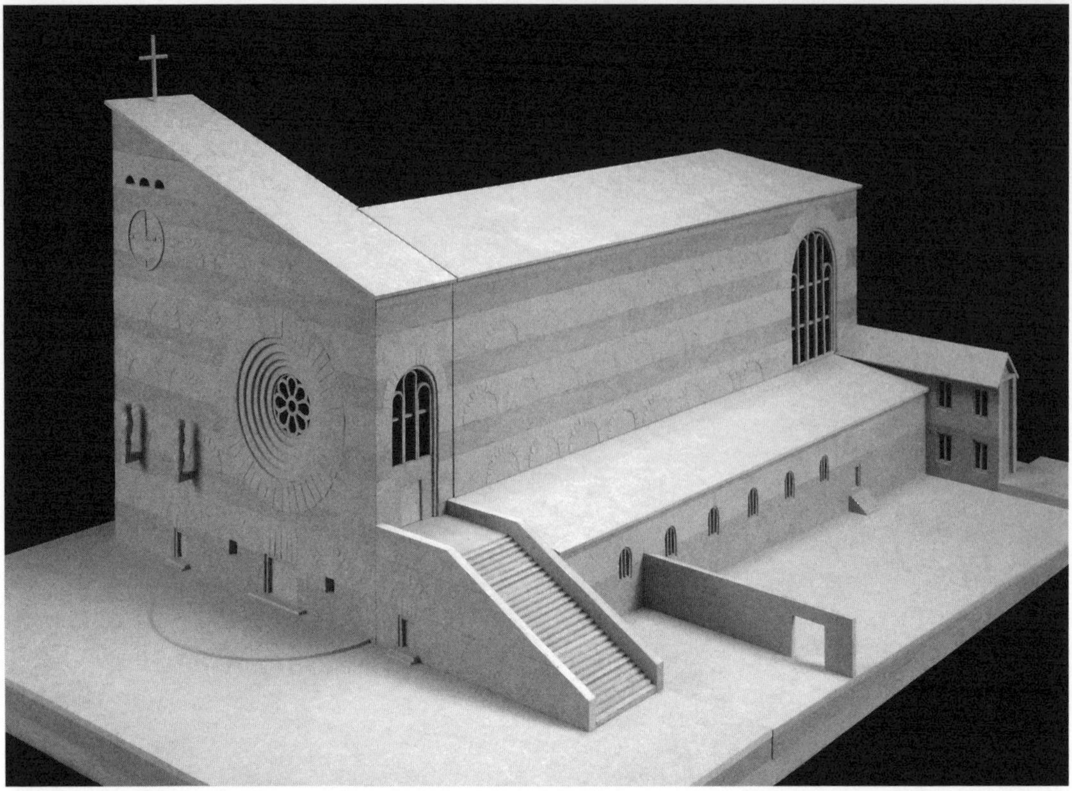

[37]

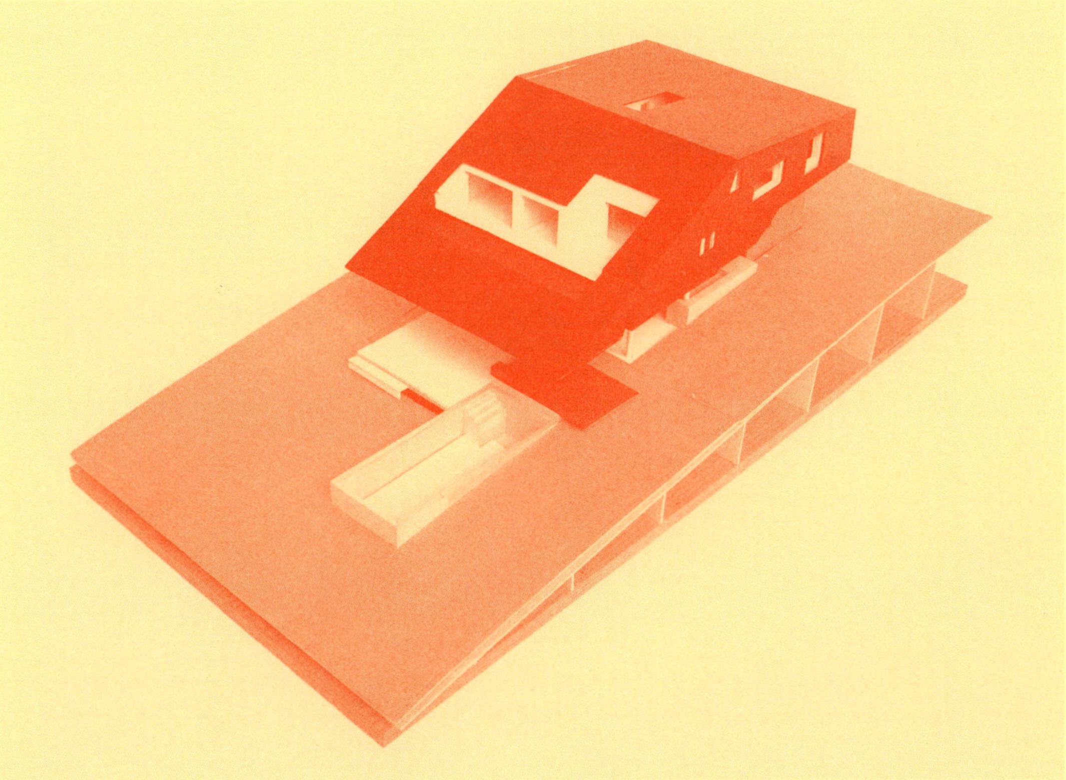

[38]

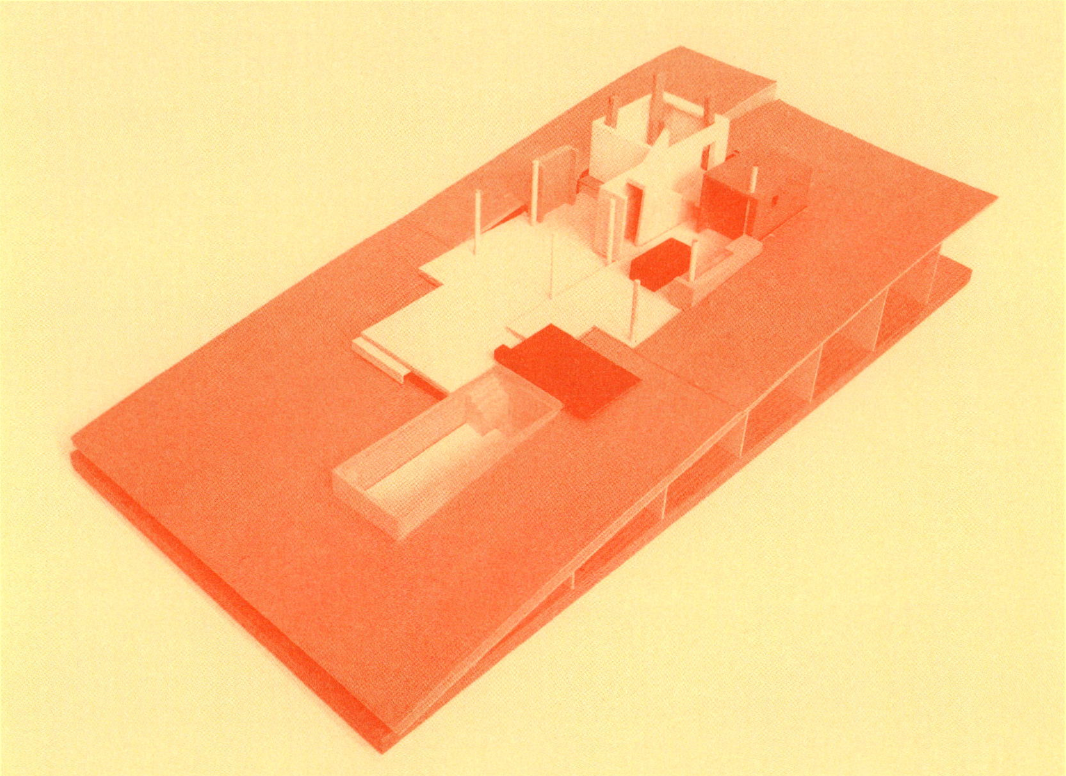

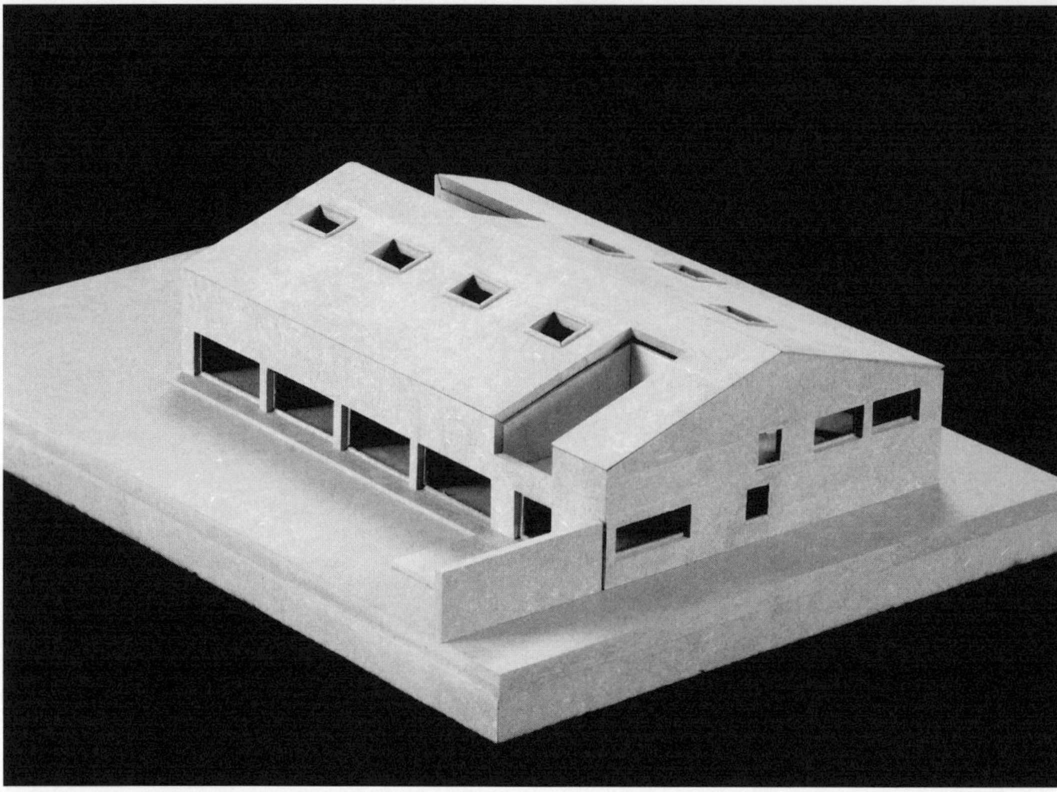

[39]

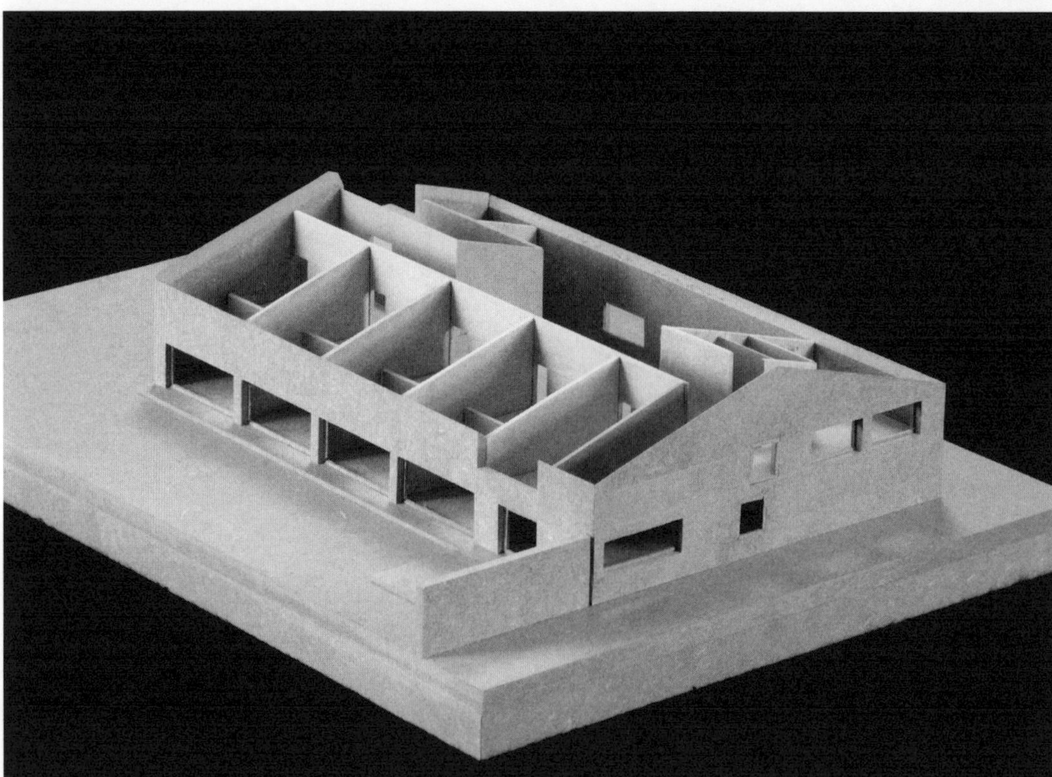

Materialität – Oberflächen und deren charakterliche Aussagen:

1. Raue und schroffe Oberflächen
2. Harte Flächen mit präzisen Kanten und Ecken
3. Weiche und fein gegliederte Oberflächen
3. Geformte, organische und amorphe Oberflächen
4. Eigene Farbigkeit des Materials
5. Wirkung des Lichts – Absorption und Reflektion

[40]

dreidimensionalen Schnittzeichnung die räumliche Tiefe des Gebäudes sichtbar. Sollte dennoch das komplette Bauvolumen für den Betrachter von Interesse sein, kann ein Spiegel, passgenau angefertigt für das Modell, ein probater Trick sein, um sich das Bauen der identischen Hälfte zu ersparen.

Das Schnittmodell, welches einmal komplett durchtrennt ist, offenbart das innere Raumprinzip. Es gibt den Blick frei auf die Abfolge der einzelnen Räume und Raumbereiche im Innern des Gebäudes, ebenso wie auf vertikale, sich über mehrere Ebenen erstreckende Elemente wie Treppen und Erschließungswege.

Das Strukturmodell stellt eine weitere Variante des Typus Gebäudemodell dar: es reduziert das Bauwerk auf den Rohbau. Ein Gebäudemodell kann durch Weglassen der endgültig formgebenden Teile (Gebäudehüllen, gegebenenfalls Innenwände und Ausbauteile) die grundsätzliche Struktur des Entwurfs darstellen. Gerade bei Bautypen, die das Entwurfsthema wesentlich aus ihrer Tragstruktur ableiten, ist es sinnfällig, auf diese Darstellungsform zurückzugreifen, um das Prinzip abzubilden. Die spätere plastische Gesamtform kann in einem weiteren Modell umgesetzt werden, sodass das Strukturmodell wie ein modellhafter Rohbau verstanden wird, während das weitere Modell sozusagen den Ausbau beinhaltet. Die gedachte Art der Fügung der Teile zueinander macht es oft möglich, diese in einem Modell zu vereinen. Das Gebäudemodell funktioniert dann wie ein additiver Baukasten, bei dem die Teile lose – zerlegbar oder zusammensetzbar – hergestellt werden.

Adressaten dieser strukturellen Modelle sind weniger die Bauherren als Fachleute wie Tragwerksplaner oder Fachingenieure, denen sie als Grundlage für die Diskussion über konstruktive und technische Fragen dienen können.

[37]
Vom Städtebaumodell zum Gebäudemodell, 1:500 → 1:100
[38]
Mit unterschiedlichen Farben wird das architektonische Konzept und vor allem die Fügung der architektonischen Elemente zueinander verdeutlicht. 1:50, Pappen in verschiedenen Farben
[39]
Das Gebäudemodell ist reduziert auf die raumbildenden Wände und Decken. 1:50, MDF
[40]
Durch das abnehmbare Dach wird das Dachtragwerk thematisiert. 1:50

58

Typologie

[41]

[42]

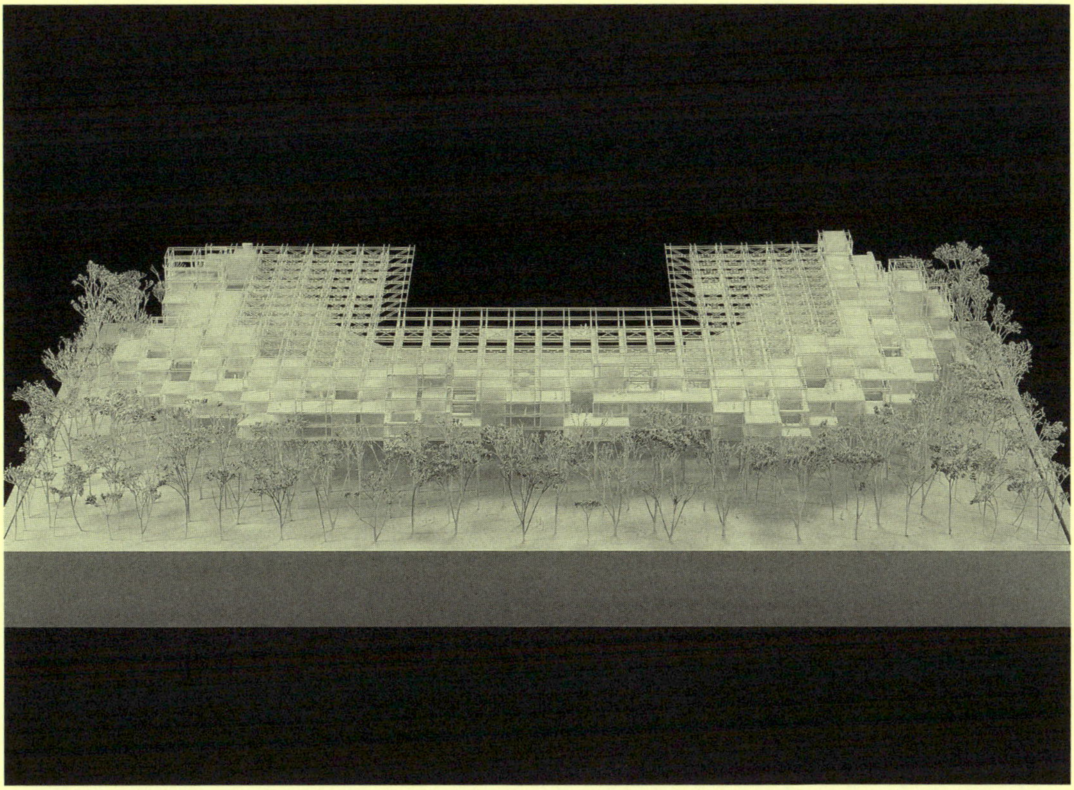

[43]

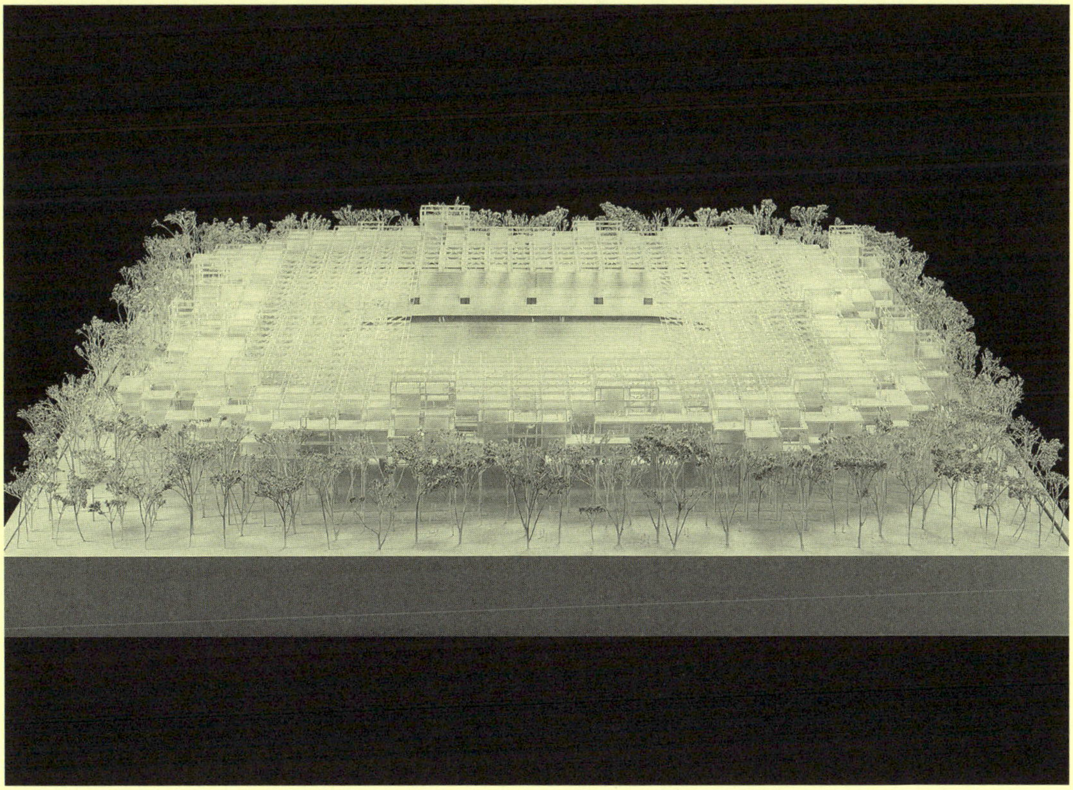

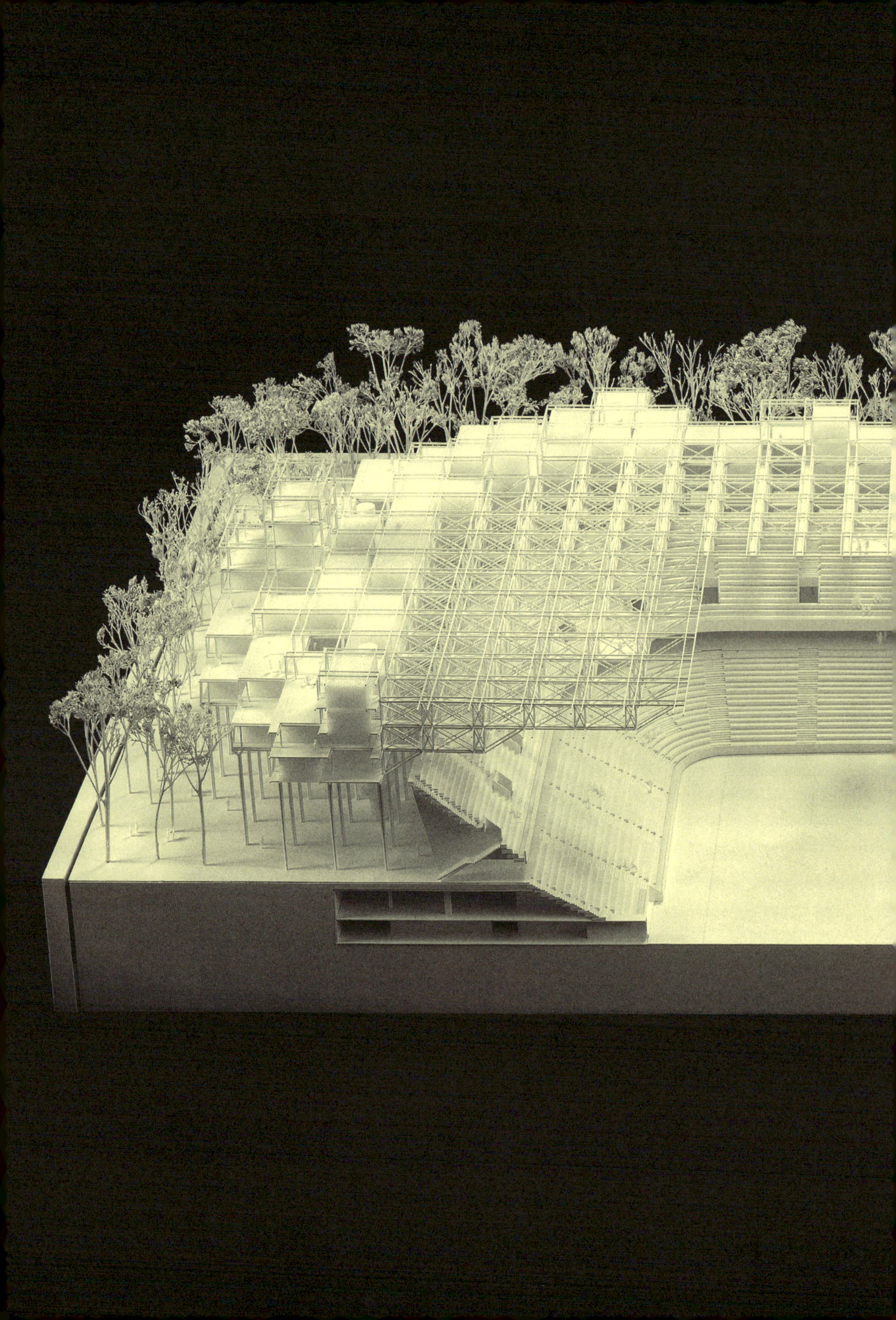

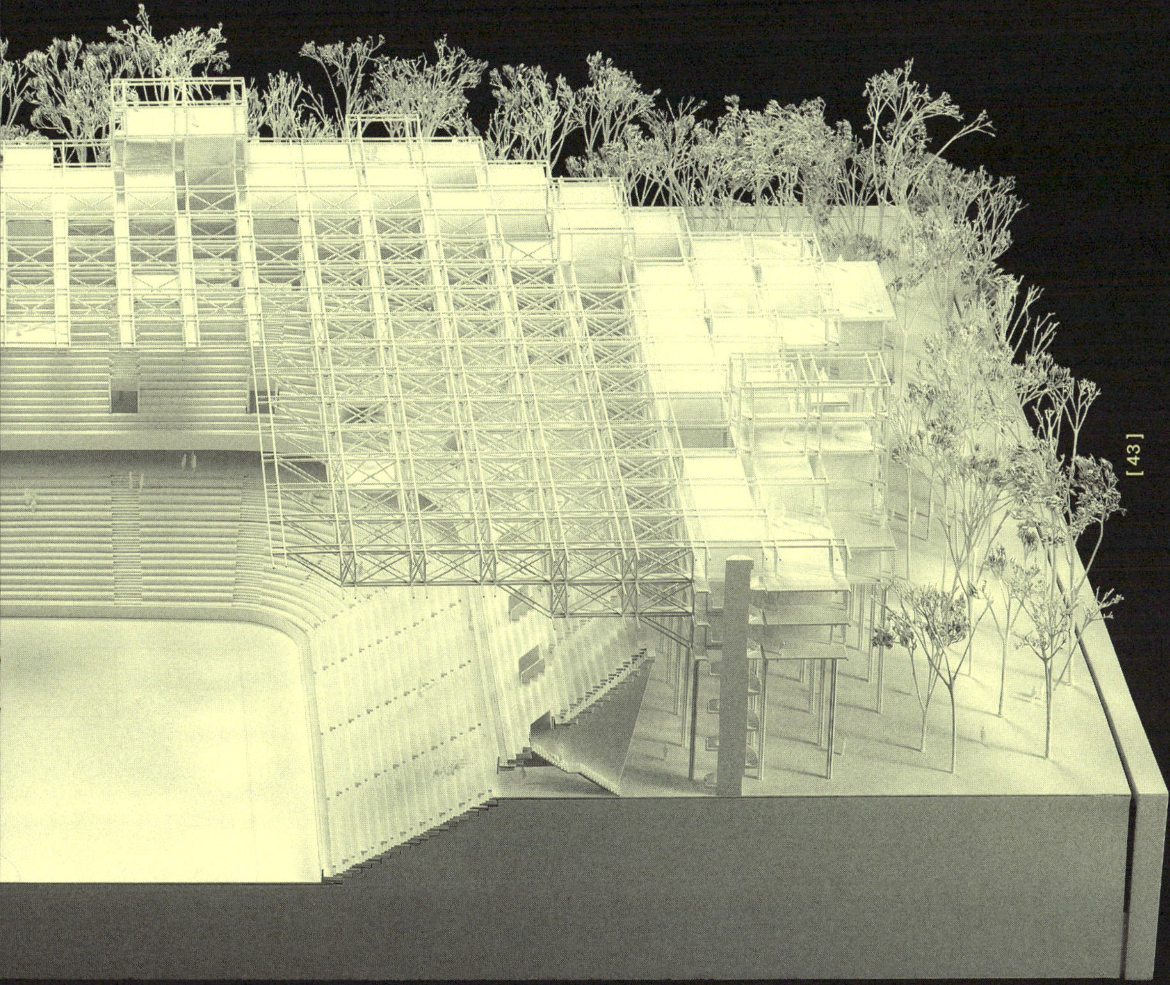

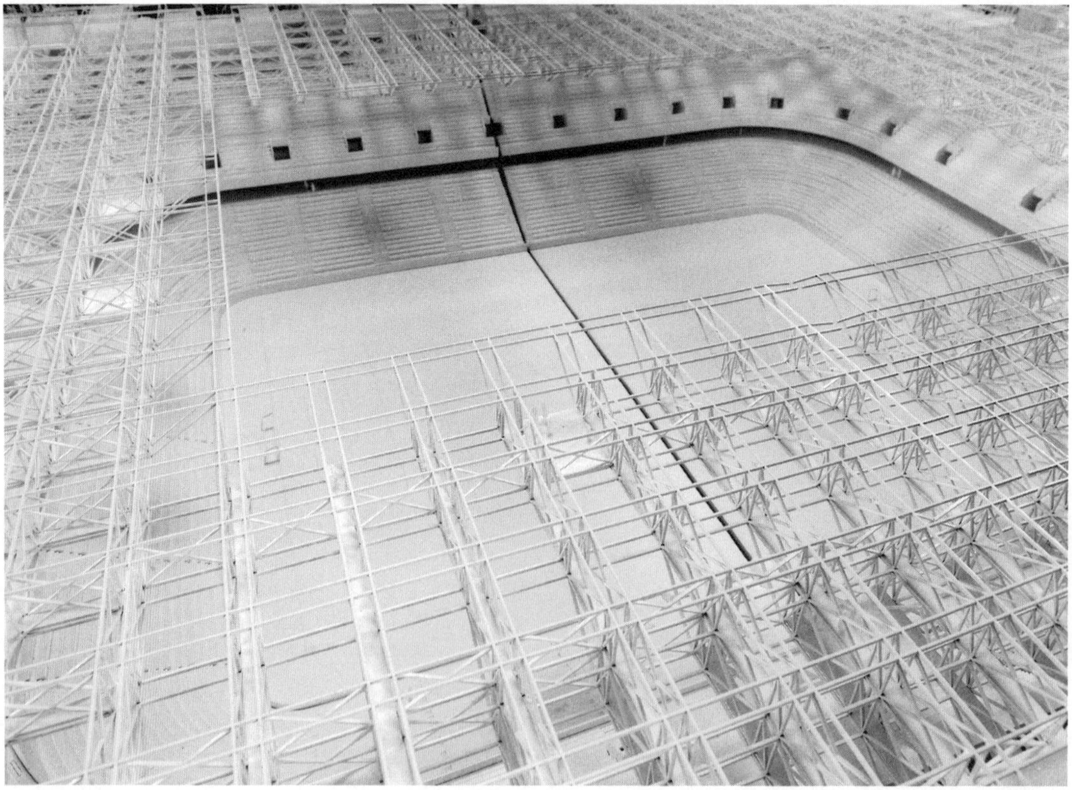

[43]

[44]

[41]
Beide aufklappbaren Modelle zeigen im räumlichen Schnitt das Innere des Entwurfs.
[42]
Das vertikal aufgeschnittene Gebäude gibt sein Inneres preis.
[43]
Gebäudetypen wie die eines Stadions können hervorragend im symmetrisch geschnittenen Modell erklärt werden, in dem räumliche Details des Innern gleichermaßen ablesbar werden.
[44]
Ohne Hülle zeigt sich das Gebäude hier skeletthaft in seiner tragenden Struktur.
[45]
Der Entwurf wird geprägt durch die Tragstruktur des Gebäudes.
[46]
Das Gebäudemodell horizontal aufzuschneiden ist eine gute Möglichkeit, der Grundrisszeichnung (Horizontalschnitt) im Modell die dritte Dimension zu verleihen.

[45]

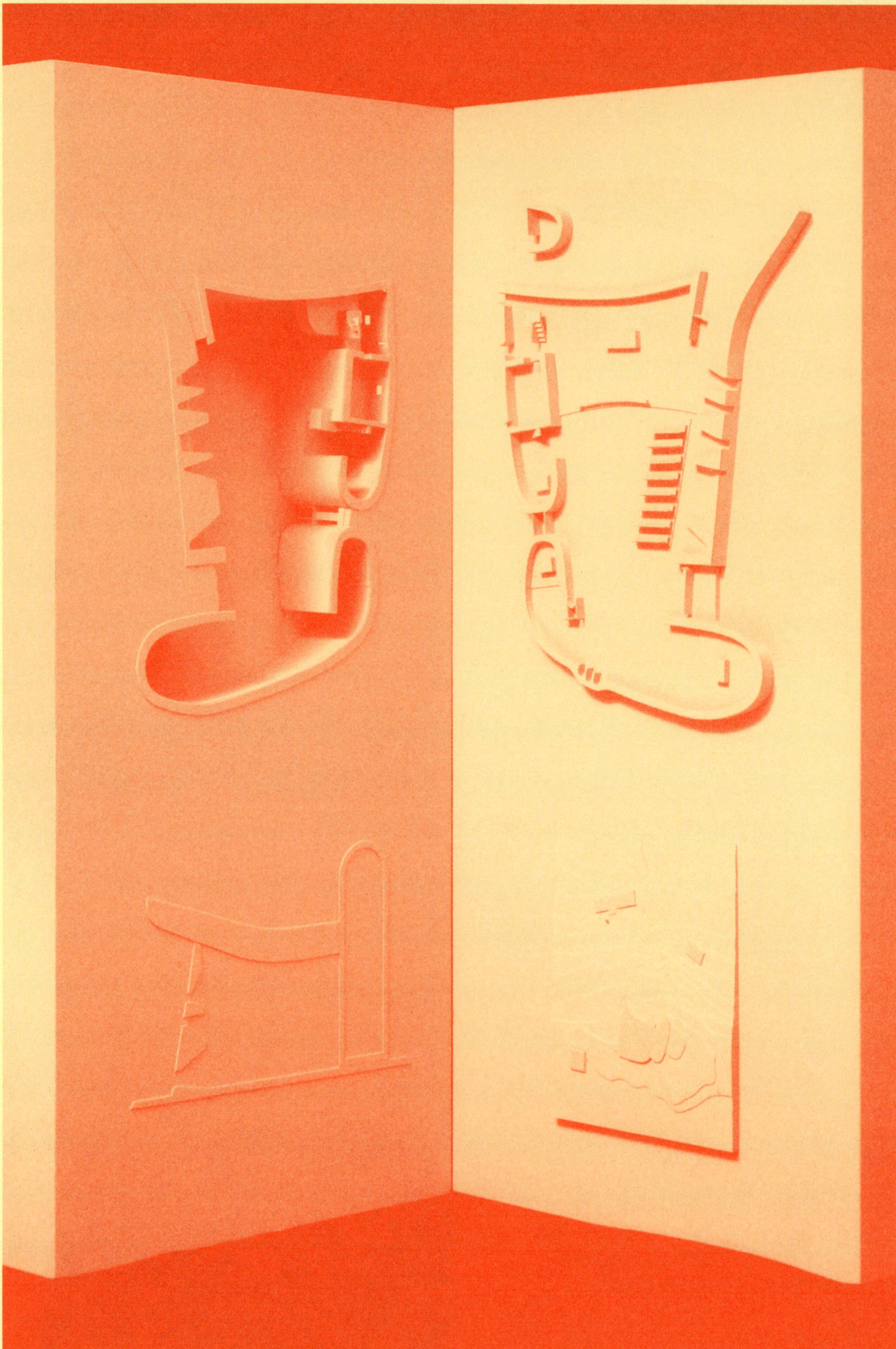

[46]

[46]

[47]
Wie eine Schnittzeichnung mit dritter Dimension zeigt sich das Gebäudemodell dem Betrachter.
[48]
Dachtragwerke können alleinstehend das konstruktive Prinzip aufzeigen.
[49]
Reduziert auf die strukturellen Komponenten werden komplexe Gebäude einfach abgebildet.

Unter den Gebäudemodellen ist das Gartenmodell als Medium der Landschaftsarchitekten besonders hervorzuheben. Auch Landschaftsarchitekten bedienen sich des Modells als Arbeitsmittel, um die (garten-)räumlichen Aussagen des Entwurfs darzustellen. In diesen Modellen spielt nicht die Architektur des Gebäudes die Hauptrolle, sondern die sie umgebende Gestaltung. Freianlagen sind oft im Zusammenhang mit dem Gebäude zu sehen, stehen hier jedoch im Mittelpunkt.

4. Innenraummodelle (Maßstäbe 1:50, 1:20, 1:10)

Nicht jede Bauaufgabe beschäftigt sich mit der Planung eines kompletten Gebäudes. Es kommt oft vor, dass die Planung und Gestaltung nur einen übersichtlichen räumlichen Bereich betrifft.

Innenraummodelle werden dann zur Darstellung desjenigen Teils eines komplexen Bauwerks herangezogen, den man stellvertretend für das Ganze untersuchen möchte: ein Modul oder ein wiederkehrendes Element. Beispiele hierfür sind (Modell-)Wohnungen in einem Geschosswohnungsbau oder ein Hotelzimmer, welches beispielhaft und erklärend für einen größeren Hotelkomplex herausgearbeitet wird. Ebenso prädestiniert für diesen Modelltyp sind sakrale Räume, die in besonderem Maß auf den Einklang der raumbildenden Elemente mit der Lichtführung und der Ausstattung angewiesen sind. Allgemein gesprochen profitieren alle Teile eines Gebäudes von besonderer räumlicher Qualität, etwa Raumsequenzen wie die Erschließungswege zu den Treppenanlagen oder der Eingangsbereich als Schnittstelle von Innen und Außen, von einer Darstellung im Innenraummodell.

[48]

[49]

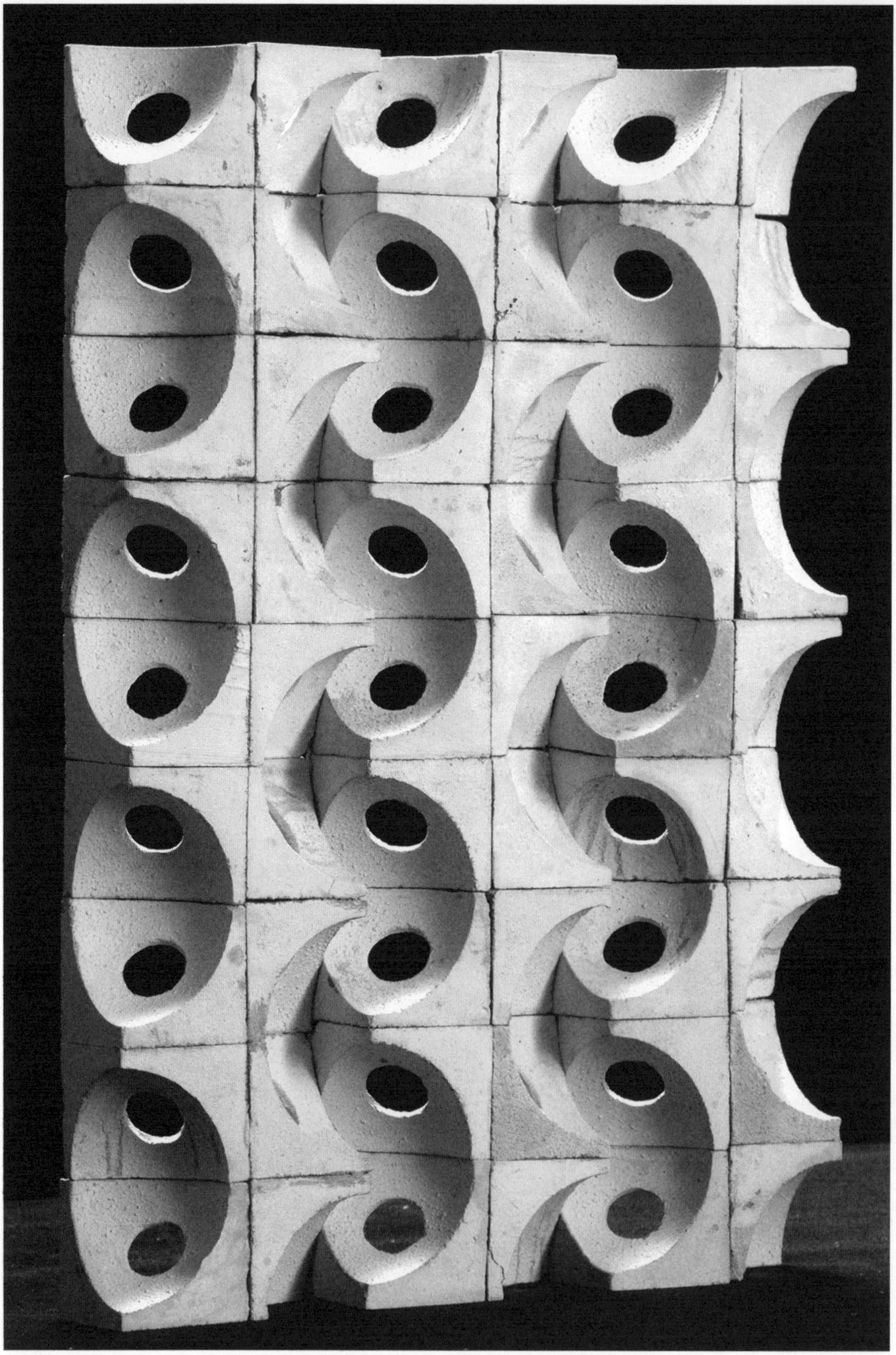

[50]

72

Typologie

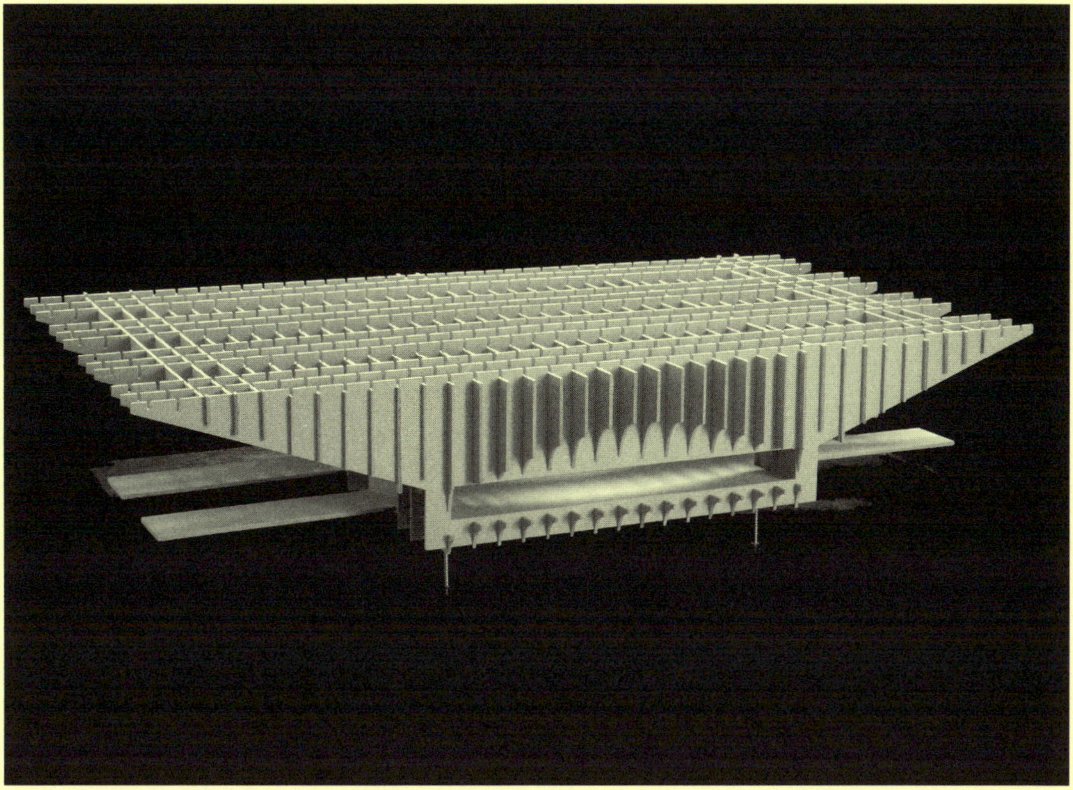

[51]

[52]

[53]

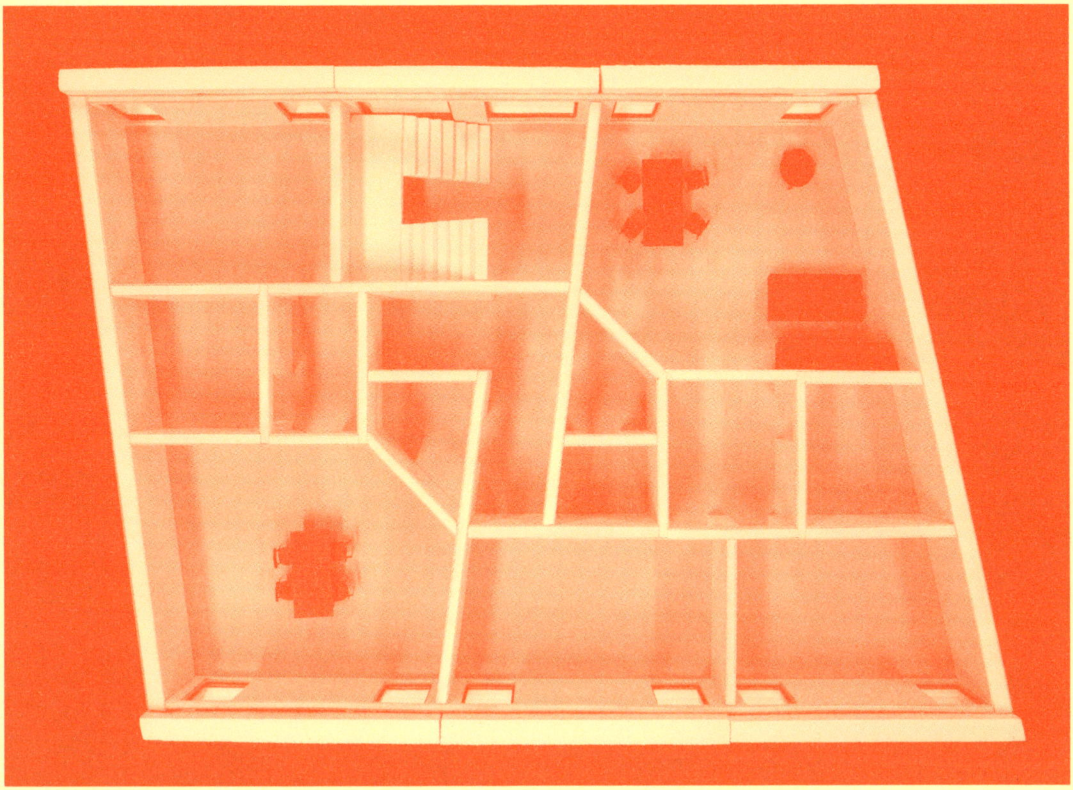

[54]

Auch Innenarchitekten beschäftigen sich mit Innenraummodellen, da in diesen Maßstäben bereits die detaillierte Darstellung von Gebäudeteilen wie Türen und Fenstern sowie alle raumbildenden Oberflächen den späteren Charakter des Raums beeinflussen. Ebenso können je nach dem Konzept des Planers auch ergänzende Einbauten und loses Mobiliar wie Stühle und Tische ergänzt werden. Den Eindruck einer Puppenstube gilt es für Modellbauer und Architekten jedoch zu vermeiden. Nach wie vor spielen die Reduktion auf wenige Materialien und die präzise Umsetzung der architektonischen Idee eine wesentliche Rolle, damit das Modell nicht kitschig oder romantisch wird, sondern seinen abstrakten Charakter in jedem Fall bewahrt.

Umgekehrt kann es aber auch vorkommen, dass gerade das Zusammenwirken verschiedener Werkstoffe im gebauten Raum das Thema des Innenraummodells ist und im Entwurfsprozess verschiedene Materialien für Boden, Wand und Decke ausprobiert werden sollen.

Wie bei allen Modelltypen ist beim Innenraummodell die Wirkung des natürlichen Lichts im Raum bedeutend. Große Innenraummodelle können auch dazu herangezogen werden, Situationen mit Kunstlicht zu simulieren.

[50]
Aus dem originalen Material Beton wird die Struktur des architektonischen Objekts abgebildet.

[51]
Reduziert auf die tragenden Komponenten wird ausschnitthaft die Struktur räumlich erlebbar.

[52]
Bei historischen Holzkonstruktionen werden im Strukturmodell die Prinzipien der Zimmermannskonstruktion ablesbar. 1:50, Sperrholz und Holzleisten

[53]
Durch die Farbigkeit des Inhalts tritt der Garten vor den architektonischen Elementen in den Vordergrund.

[54]
Das Augenmerk wird durch die Farbigkeit und Detaillierung in der Darstellung auf die Gartengestaltung gelenkt.

[55]
Der Fokus auf eine einzelne Geschossebene lässt die Lesart wie eine Zeichnung mit „gebauter“ dritter Dimension zu. Grundrissmodell einer Wohnung, 1:20

[55]

[56]

5. Fassadenmodelle (Maßstäbe 1:50, 1:20, 1:10)

Auf der nächsten Ebene der Modelldarstellung liegt der Fokus auf einzelnen Bauteilen wie der Fassade.

Die Fassade ist Hülle oder Haut des Gebäudes und ihr widmet man sich im Entwurfsprozess oftmals sehr intensiv, denn sie bestimmt die Außenwirkung. Der planungstechnische Ausarbeitungsgrad ist schon sehr hoch: das Material der Fassade ist entweder bereits festgelegt oder wird im Modell zur Diskussion gestellt. Konkrete Fragen werden mit diesem Modelltyp bearbeitet: Wie sind die Öffnungen konstruiert, wird ein Fensterelement innen oder außen bündig zur Fassadenebene eingebaut, wie können ein Fenstersturz und eine Fensterbank sowohl von innen als auch von außen gesetzt werden? Analog zum vorher beschriebenen Innenraummodell kann die Umsetzung im Material entweder abstrakt oder fast originalgetreu erfolgen, je nachdem, welche Aspekte mit dem Modell beschrieben werden.

Dabei kann die Fassade eine komplexe konstruktive Angelegenheit sein, die am und mit dem Modell experimentell entwickelt und sowohl geometrisch als auch gestalterisch überprüft wird.

[56]
Kleine Entwurfsaufgaben wie Einraumhäuser bieten sich an, um spezifische Darstellungen bis hin zum Mobiliar im Modell umzusetzen. 1:20

[57]
Das Innenraummodell zeigt sich im Äußeren als abstrakte Box, durch Aufklappen einer Fassade präsentiert es den thematisierten Innenraum. 1:20

[58]
Materialien und Werkstoffe simulieren schon im Modell den Charakter des Entwurfs. 1:20

6. Detailmodelle (Maßstäbe 1:20, 1:10, 1:5, 1:2, 1:1)

Auch beim Detailmodell kann der experimentelle Charakter die Motivation sein, die Ebene der Zeichnung zu verlassen und in den Modellbau einzusteigen. Wie fügen sich die Teile zueinander, im konkreten baukonstruktiven Sinne? Der Denkprozess des Konstruierens wird ins Modell verlagert:

[57]

80

Typologie

[59]

[60]

[61]

[62]

[62]

88

Typologie

[59]
Darstellung einer historischen Fassade, 1:20, Graupappe
[60]
Fassadenmodelle im Streifenformat. Im Material werden die architektonischen Gestaltungselemente herausgearbeitet. 1:20, Graupappe
[61]
Das gestalterische Prinzip einer reliefhaften Fassade zeigt sich abstrakt durch diese Darstellung der reinen plastischen Oberfläche, ohne weitere Details. 1:50, zweidimensionales Gipsmodell
[62]
Der Architekt Egon Eiermann entwickelte und prüfte die Lichtwirkung der Geometrie der Betonwaben an der Fassade der Kaiser-Wilhelm-Gedächtniskirche in Berlin anhand von Modellen.
[63]
Ausschnittmodell einer Fassade und der dahinter liegenden Räume, 1:20, Graupappe
[64]
Im Maßstab 1:1 wird exemplarisch ein Stück des Entwurfs mit originalen Materialien simuliert.

konstruktive Schichten werden zu Simulationszwecken aufgebaut, Querschnitte zusammengeführt. Ecklösungen spielen seit jeher eine zentrale Rolle, ebenso alle anderen Übergänge von Bauteilen. Wie verhält es sich mit dem Sockel, dem Übergang des Bodens zur Wand? Wie bindet man eine Ecke in die Wand ein, wie sieht es am oberen Ende des Bauwerks aus, am Dach? Und wenn das Experiment geglückt ist, das Detail gelöst, dann stellt der Architekt das Modell noch nicht beiseite, sondern gibt dieses entwickelte konstruktive Wissen an diejenigen weiter, die das Gebäude bauen. Spätestens auf der Baustelle offenbart sich jeder weiße Fleck einer Detailplanung. So kann der Modellbau besondere und zuvor noch nicht erlebte Prozesse auf der Baustelle hervorragend simulieren. Im Gegensatz zum Gebäudemodell, in dem die meisten konstruktiven Gesetzmäßigkeiten sozusagen mit der Übermacht des Klebstoffs negiert werden, ist es im Detailmodell notwendig, diese Gesetze abzubilden und nachzuarbeiten. Jede Verbindung, jeder geometrische Knotenpunkt, jede Steck- oder Schraubverbindung haben in ihrer Machart einen Einfluss auf das Detail und somit auf die gesamte Architektur. Auch hier ist nicht nur das Ergebnis, sondern der Verlauf und die Art und Weise wie die Dinge gefügt und zueinander in Beziehung gesetzt werden, eine wichtige Erkenntnis.

Neben der Simulation wesentlicher Details im Kontext der Architektur werden auch Möbelmodelle in den Maßstäben 1:10 bis 1:1 angefertigt. Entweder dienen sie Innenraummodellen desselben Maßstabs als Staffage, um die Verhältnismäßigkeit der Dimensionen zu verdeutlichen oder es geht um das entworfene Möbelstück an sich. Kein anderer Modelltyp kommt der Wirklichkeit so nah wie ein solches Detailmodell: ein Prototyp für die Ausführung.

7. Ein Stück Haus (Mock-Up) (Maßstab 1:1)

Mit der Annäherung des Maßstabs an die Umwelt stellt sich die Frage, an welcher Stelle der Übergang stattfindet vom Architekturmodell zur gebauten Architektur.

Der Begriff des Modells ist insofern unpräzise, als er mehrdeutig ist und auch weit über den Bereich der Architektur hinaus Anwendung findet. Es verfügt vielleicht nur in dem einen Punkt über eine allgemeingültige Aussage, dass es ein vereinfachtes Abbild der Wirklichkeit ist. Denn nicht alle Merkmale und Attribute dessen, was abgebildet wird, finden sich im Modell wieder. Das Modellhafte beinhaltet die Auswahl bestimmter Aspekte, auf die sich das Modell bezieht.

Aus diesen Überlegungen heraus können auch 1:1-Modelle, die Architekten bauen oder vielmehr bauen lassen, zu den Architekturmodellen gezählt werden: sie unterliegen oft einem experimentellen Charakter und gerade bei Bauteilen wie Fassaden mit ihren elementhaften Einzelteilen tragen sie dazu bei, die Art der Ausführung endgültig festzulegen. Dies kann nur im originalen Material und selbstverständlich in der originalen Größe passieren. Gleichzeitig vermittelt der Ausschnitt einen sehr konkreten Eindruck vom späteren Gesamtzustand.

Entstanden sind diese *Mock-Ups* in der Moderne, als es darum ging, Vorhangfassaden *(Curtain Walls)* direkt an Ort und Stelle am fertigen Rohbau

[65]

[65]
Auch das Möbel als Gestaltungselement im architektonischen Kontext kann en miniature im Modell überprüft und dargestellt werden.

[66]
Die Architekten von Meixner Schlüter Wendt entwickelten und kontrollierten die Gestaltung der Dornbuschkirche in Frankfurt am Main anhand des Modells im Maßstab 1:50 vor der Realisierung im Maßstab 1:1.

zu testen oder als Anschauungsobjekt für die Öffentlichkeit gleich neben dem Bauzaun aufzustellen. Gerade bei Bauwerken, die im öffentlichen Raum besonders prägnant sind, ist diese Modellform ein gängiges Prinzip. Den Bauherren wird eine reale Kostprobe dessen vorgestellt, was sie im Großen erwartet. Das Modell erhält somit die zusätzliche Bedeutung eines Musters.

Immer wieder in der Architekturgeschichte hat man den Aufwand betrieben und ein ganzes Gebäudeteil oder das komplette Bauvolumen als Modell aus einfacheren Ersatzmaterialien erstellt. In Berlin ist derzeit die historische Bauakademie Karl Friedrich Schinkels (1781–1841) mit Gerüsten in der ursprünglichen Kubatur aufgebaut worden. Die Schaufassade, auf textilen Geweben aufgedruckt, vermittelt aus der Distanz die ursprüngliche Präsenz des Bauwerks im Stadtraum und wirbt gleichzeitig in der Gesellschaft für seine Rekonstruktion.

8. Das gebaute Haus (Maßstab 1:1)

Kann man nun am Ende dieser Reihe von Modelltypen beim realisierten Entwurf auch von einem Modell sprechen? Ist ein Haus auch ein Architekturmodell im Maßstab 1:1? Wenn jedes Modell nur die Vorwegnahme der Wirklichkeit ist, stellt dann das realisierte Gebäude diese Wirklichkeit dar oder besitzt es noch den Modellcharakter? Für den Bauherrn ist sein Haus sicher kein Modell mehr im Sinne der Definition, dem Architekten bleibt die Sinngebung seines Werks dagegen frei.

[66]

[67]
Mit Modellen vermittelt man eine vielschichtige architektonische Aussage: Der umgebende Kontext, das Programm und die Typologie werden ebenso „erzählt“ wie der Charakter, den die architektonischen Räume über Materialität und Lichtführung erhalten.

Funktion

4

Warum baut man ein Modell, welchen unmittelbaren Nutzen hat es? Darüber muss der Architekt sehr präzise Auskunft geben können, um seine Ziele zu erreichen. Ohne eine Antwort auf diese Fragen fehlt dem Architekturmodell jegliche Berechtigung. Es gibt doch inzwischen eine Vielzahl von Darstellungsmedien und mehr oder weniger bewährte elektronische Verfahren, um den Entwurfsprozess zu gestalten. Kann eine traditionell anmutende Methode wie das Bauen von Modellen denn wirklich noch die richtige Gangart sein, um den architektonischen Raum zu entwickeln?

Befragt man beispielsweise private Bauherren, die sich das eigene Wohnhaus vom Architekten entwerfen lassen, wird die Frage, ob die Vermittlung des Entwurfs mit einem Modell im Maßstab 1:50 stattgefunden hat, meist verneint. Modelle verursachen Kosten und sind demzufolge nicht das gängige Mittel der Entwurfsvermittlung. Obwohl das Modell dem Laien offensichtlich hilft, die Arbeit des Architekten erst umfassend zu verstehen und nachzuvollziehen, scheuen viele Planer den Aufwand. Obwohl schon immer präsent als Medium, ist das Modell deshalb im Prozess der Entwurfserarbeitung nicht fest etabliert.

[68]

[68]
Dominikus Böhm, Christkönigkirche, Mainz, 1925, 1:50, MDF
[69]
Dominikus Böhm, Garnisonkirche (Sankt Johann Baptist), Seitenkapelle, Neu-Ulm, 1922–26, 1:20, MDF

[69]

95

Funktion

[70]

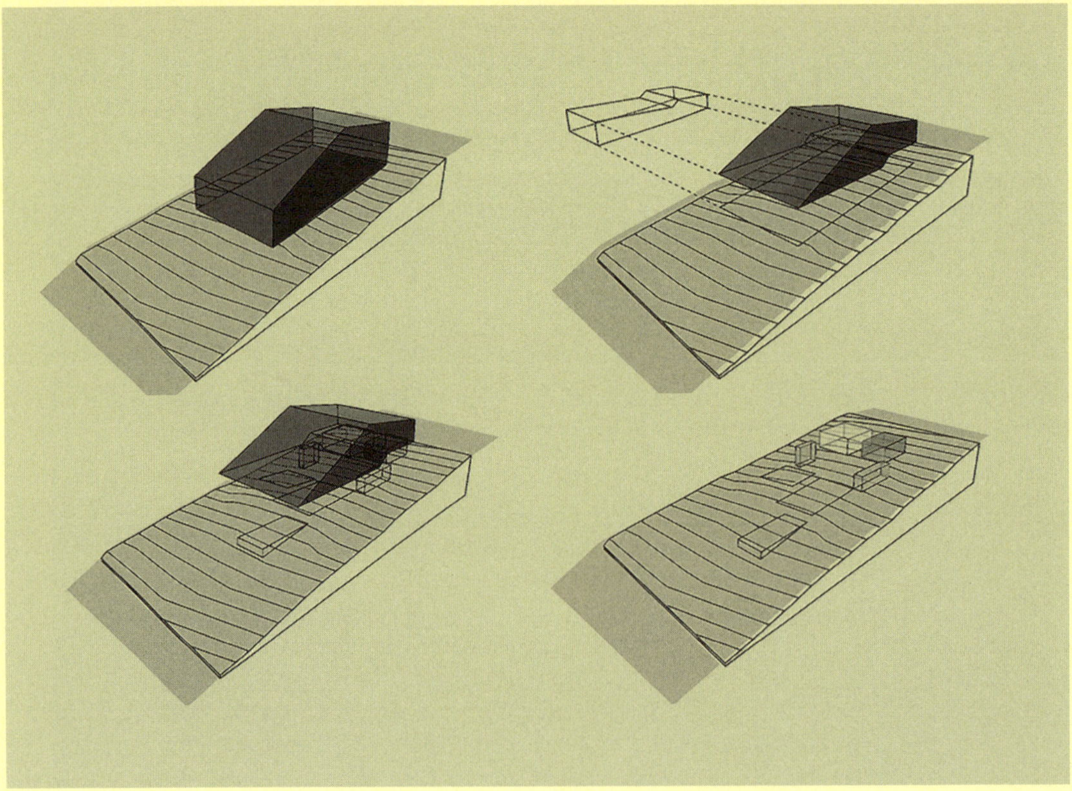

[71]

[72]

[73]

[74]

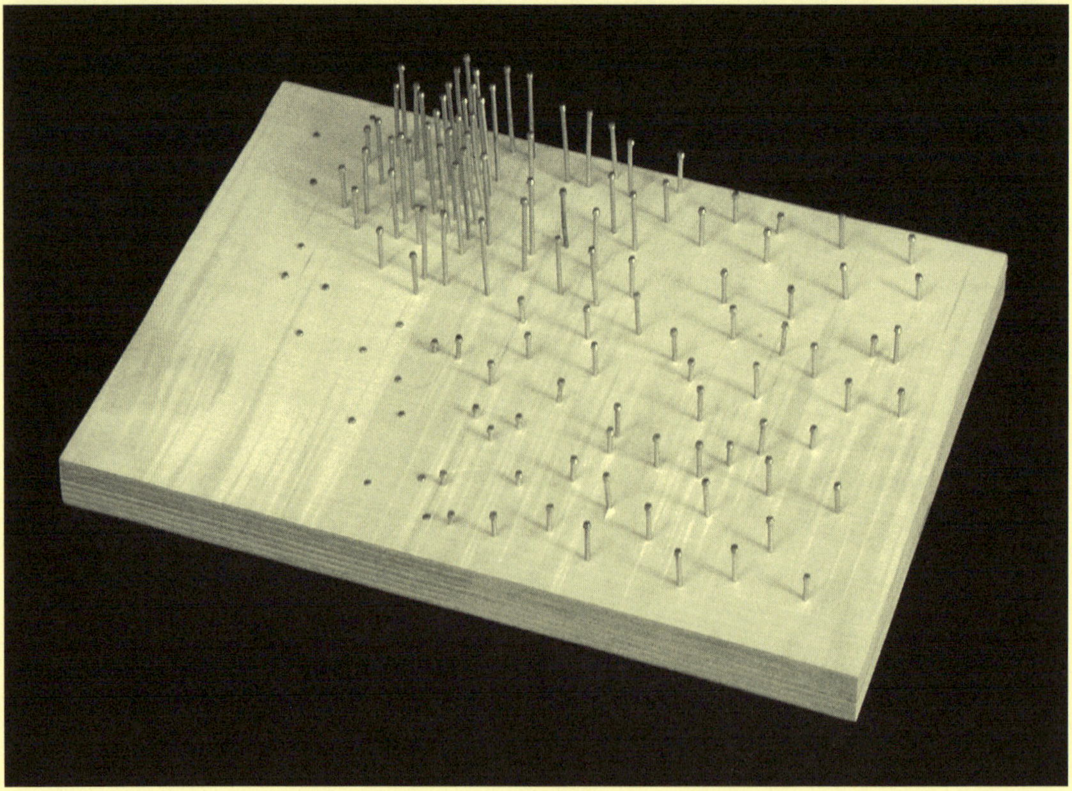

[75]

[70]
Die Freihandskizze vermittelt die räumliche Idee, die grundlegenden Prinzipien des Entwurfs. Meixner Schlüter Wendt Architekten, Haus F, 2005–07

[71]
Die Piktogramme erklären grafisch und dreidimensional die Gedanken des Architekten zum architektonischen Entwurf. Meixner Schlüter Wendt Architekten, Haus F, 2005–07

[72]
Das gebaute Haus steht als Ergebnis am Ende des Planungsprozesses, im Zusammenspiel aller Methoden wurde die Architektur entwickelt. Meixner Schlüter Wendt Architekten, Haus F, 2005–07

[73]
Das Architekturmodell ist das geeignete Medium, den Entwurf in allen gestalterischen und räumlichen Kriterien zu erfassen und zu überprüfen. Meixner Schlüter Wendt Architekten, Haus F, 2005–07

[74]
Experimentell angegangen, liefern abstrakte Modelle auf einer künstlerischen Ebene Impulse für die Formulierung der architektonischen Idee.

[75]
Die Analyse des Orts und seiner spezifischen – für das Entwerfen relevanten – Charakteristika kann neben einer Skizze auch im abstrakten Modell studienhaft dargelegt sein. Nägel verdeutlichen Verdichtung und Erhöhung der Struktur einer Stadt oder einer Topografie.

Bei den anderen grundlegenden Darstellungsformen – der Skizze, der Zeichnung und der am Computer erarbeiteten Darstellung – stellt sich interessanterweise die Frage nach der Daseinsberechtigung nicht sofort. Vielleicht benötigt auch nicht jede Entwurfsaufgabe für ihren Erfolg das Modell; professionelle Routine gleicht die fehlende Überprüfung eines Entwurfs am Miniaturbauwerk aus und auch die Vermittlung nach außen kann durch alternative Medien stattfinden. Dabei können Bauherren von der Interaktion aller Darstellungsmedien nur profitieren. Gerade Menschen, die nicht versiert sind im Erfassen von Zeichnungen, sind ausnahmslos angetan, wenn das Projekt mit einem Modell erläutert wird. Hier offenbart sich offensichtlich die Attraktivität des Modells, Pläne treten zurück für den zweiten Blick.

Die Funktion des Architekturmodells im Entwurfsprozess

Entwerfen ist ein Prozess. Eine Entwurfsidee reift über den Zeitraum, der zur Verfügung steht, und bekommt ständig neue Impulse durch die Auseinandersetzung mit dem bereits Entworfenen. Nicht selten wird das Modell, wenn es denn gewünscht oder gefordert ist, erst anhand der allerletzten Fassung des Entwurfs angefertigt. Alle Entscheidungen sind getroffen, alle möglichen Varianten und Alternativen geprüft und gegeneinander abgewogen und sozusagen nach Redaktionsschluss, mit Fertigstellung der Pläne und Perspektiven, ist das Modell an der Reihe – nicht unbedingt aus innerer Motivation, sondern weil es in den Wettbewerbsunterlagen oder bei den Aufgabeleistungen des Entwurfsprojekts im Studium mit aufgezählt ist.

Im gesamten Entwurfsprozess kann der Modellbau neben den übrigen Werkzeugen der Darstellung zum Einsatz kommen, um Architektur zu entwickeln und sichtbar zu machen. Der Vorteil des Modells ist offenkundig: es arbeitet mit der Dreidimensionalität und das macht es von Anfang an einzigartig.

Wie lässt sich das Modell in den verschiedenen Entwurfsphasen einsetzen? Welche Bedeutung kommt ihm bei diesen Arbeitsschritten zu? Die Funktion des Modells verändert sich im Laufe des Entwurfprozesses. Am Anfang steht sein experimenteller Charakter: es dient der Überprüfung und räumlichen Kontrolle der skizzierten Entwurfsansätze. In der weiterführenden Ausarbeitung rücken Darstellung und Vermittlung durch das Modell in den Vordergrund.

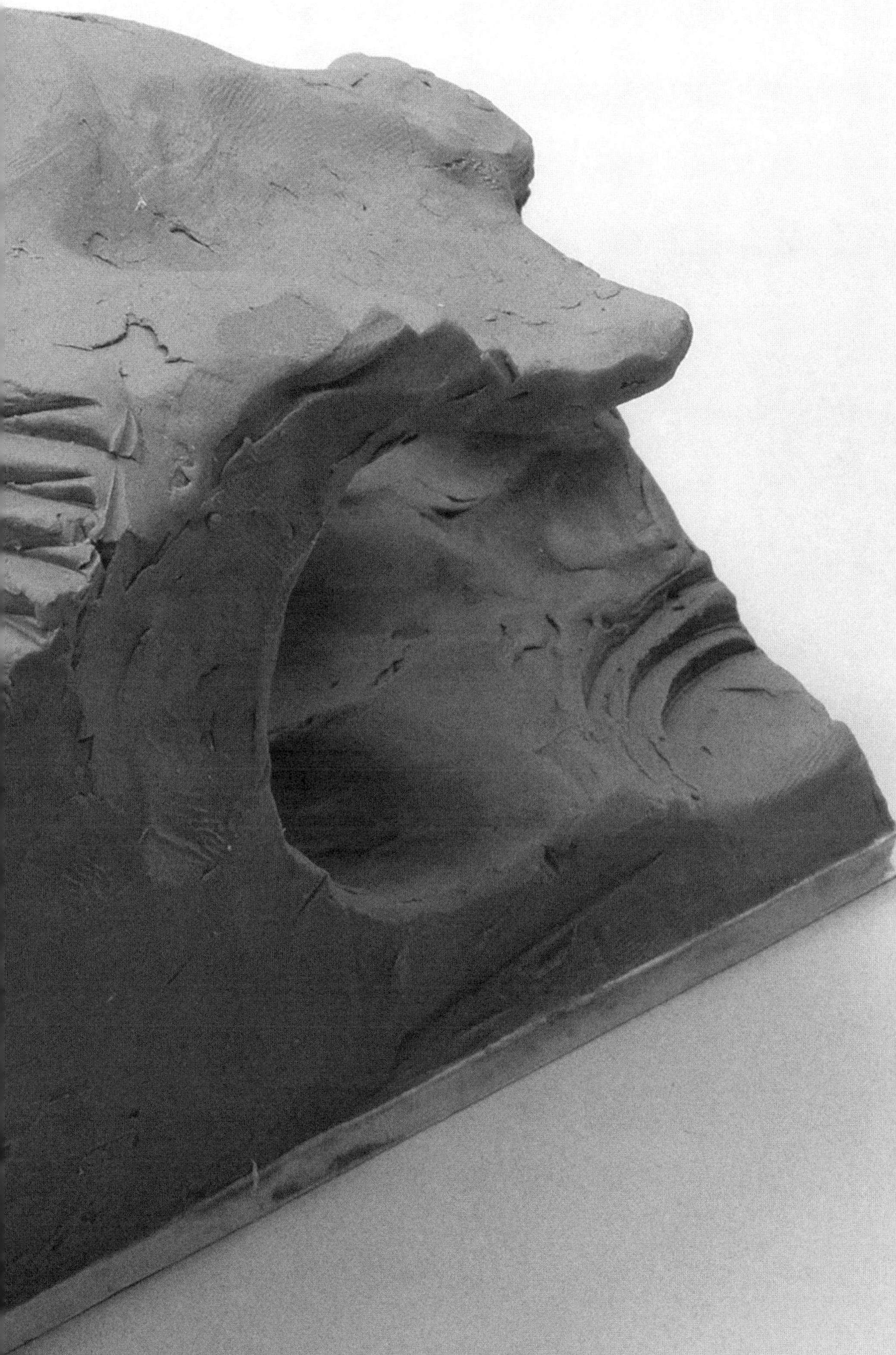

[77]

102

Funktion

[77]

[78]

[79]

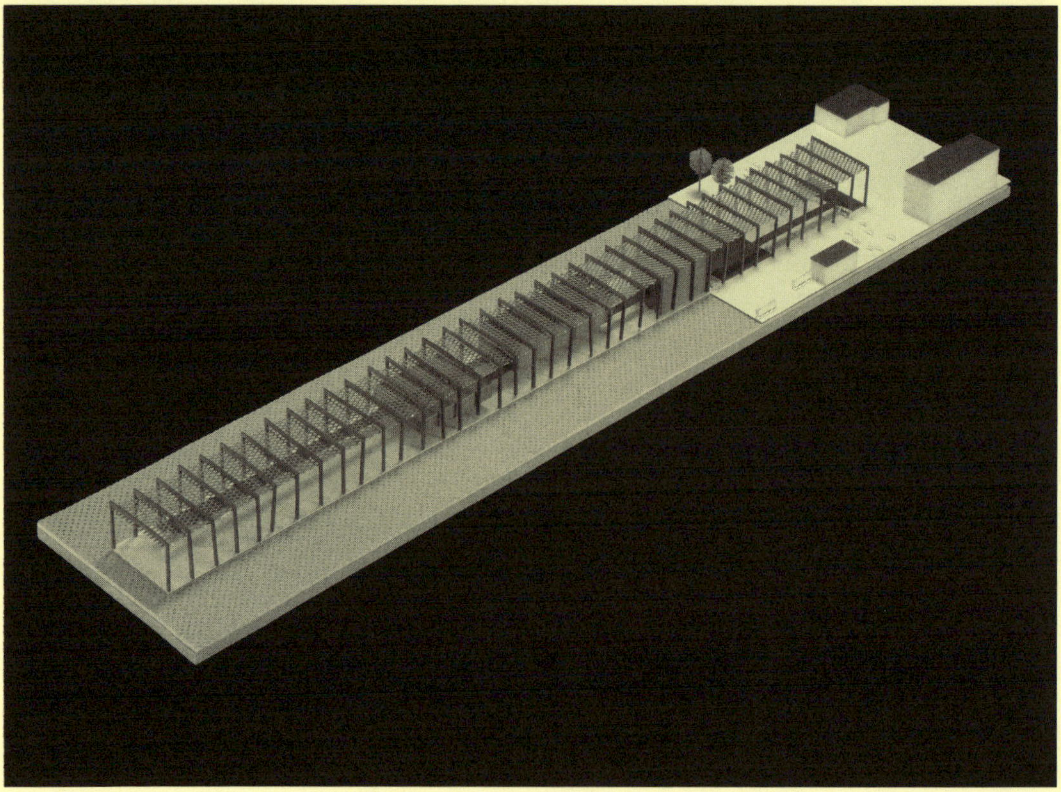

[76]
Plastilin ermöglicht als knetbares Material die Konzeptfindung auf fast spielerische Art und Weise.

[77]
Konzeptmodelle vermitteln mit einem hohen Grad an Abstraktion den formalen und gestalterischen Gedanken, der dem konkreten architektonischen Entwurf vorangeht.

[78]
Die Formfindung und der bauplastische Ansatz auf der gestalterischen Ebene werden mit Tonmodellen erreicht.

[79]
Dem Gebäudemodell steht eine dreidimensionale Collage gegenüber, welches die konzeptionellen Inhalte abstrakt herausstellt.

[80]
Viele Studienmodelle zur Konzept- und Formfindung ermöglichen es, die Entscheidung für den weiteren Entwurfsprozess auf einer räumlichen Ebene festzulegen.

1. Konzeptmodelle – die Idee im Modell (ohne konkreten Maßstab)

Wie entwirft man? Die Auseinandersetzung mit dem Ort der Entwurfsaufgabe und mit der Aufgabe selbst beginnt sinnfälligerweise mit einem Umgebungsmodell. Man sucht nach der Idee, skizzenhaft auf dem Papier und im besten Fall erfolgt dieser Findungsprozess gleichzeitig in konzeptionellen Modellen. Die Idee wird erstmalig haptisch greifbar und überprüfbar. Das kann bereits ganz konkret ein geknetetes Volumen aus Plastilin in einem Stadtraummodell sein – sofort erkennt man die Wirkung des gedachten Körpers im Zusammenhang mit der vorgefundenen Situation. Oder man entwickelt einen metaphorischen Ansatz und das Modell ist wie eine abstrakte Studie zu verstehen, die nichts weiter tut als die Metapher in ein kunstvolles Objekt zu transformieren, ein Erklärungsversuch der Idee sozusagen.

Das Konzept wird nun verfolgt und ausgearbeitet, das Denken und Entwerfen in Modellen passiert weiterhin analog zum Skizzieren und Zeichnen. Demzufolge ist das Konzeptmodell mit den ersten Skizzen, Piktogrammen und Ideenfindungen, die am Anfang des Projekts stehen, in Beziehung zu setzen. Aus der Analyse des Orts und der

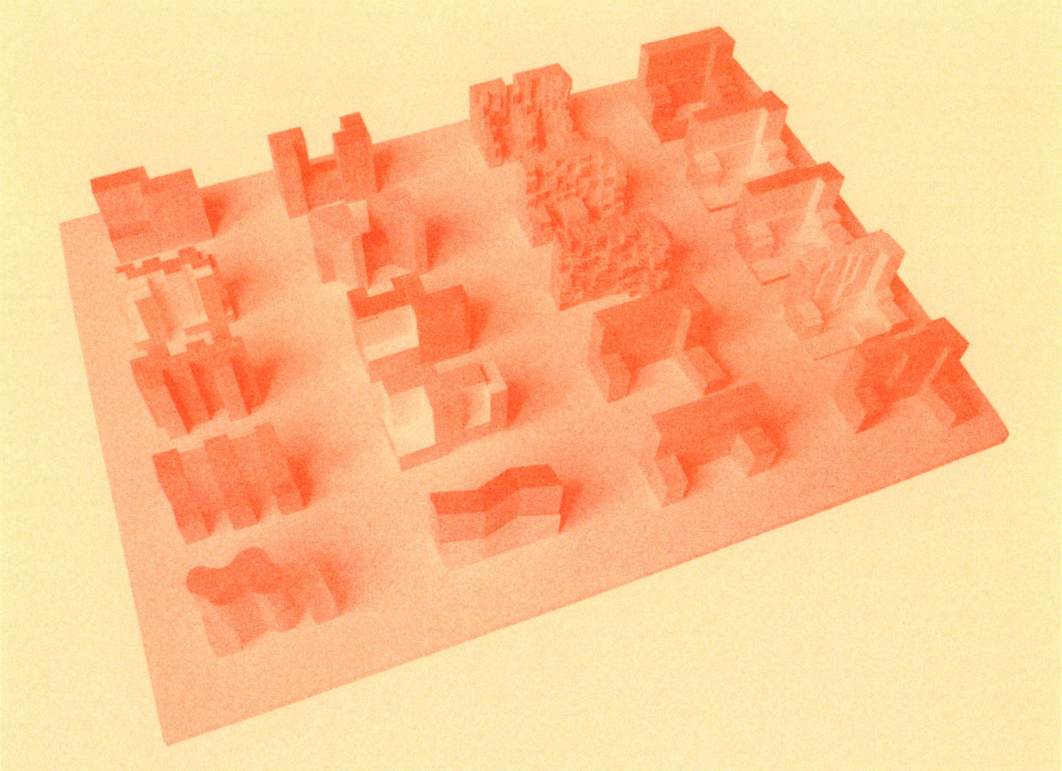

[80]

[81]

[82]

[81]
Arbeitsmodelle erkennt man daran, dass sie unfertig, provisorisch und „gebastelt" aussehen.

[82]
Ein Klassiker unter den Arbeitsmodellen ist das Styrodurmodell: mit der Thermosäge bearbeitet, ist es rasch einsatzbereit.

[83]
Beim Arbeitsmodell geht es weder um Perfektion noch um Endgültigkeit, sondern darum, möglichst einfach und zweckgebunden die räumliche Idee nachzuvollziehen.

Entwurfsparameter heraus entwickelt sich der konzeptionelle Ansatz und sowohl einfache wie abstrakte Modelle helfen, diesen Ansatz experimentell zu begleiten oder im Sinne einer Vermittlung sichtbar zu machen. Über Material, Farbe und Formen kann der Architekt plakativ die ersten wichtigen Ergebnisse der Entwurfsbearbeitung herausarbeiten, prüfen und diese kommunizieren.

Das Modell ist in diesem Stadium leicht veränderbar und schnell (ver-)formbar, um die Dynamik der Wandlungen und Weiterentwicklungen fast spielerisch aufzunehmen. Es wird kein Anspruch wie an ein fertiges Objekt gestellt, sondern gerade die Unschärfe in der Aussage und die sich noch modifizierenden Randbedingungen des Entwurfs sind wesentlich. Man studiert direkt am Modell, vorzugsweise manuell und ohne Einsatz von Maschinen.

2. Das Arbeitsmodell – skizzenhaft räumlich (Maßstab dem jeweiligen Modelltyp entsprechend)

Der Name sagt es bereits: Arbeitsmodelle heißen so, weil man mit ihnen arbeiten kann. Sie sind nicht fertig, sondern werden auf der Suche nach der

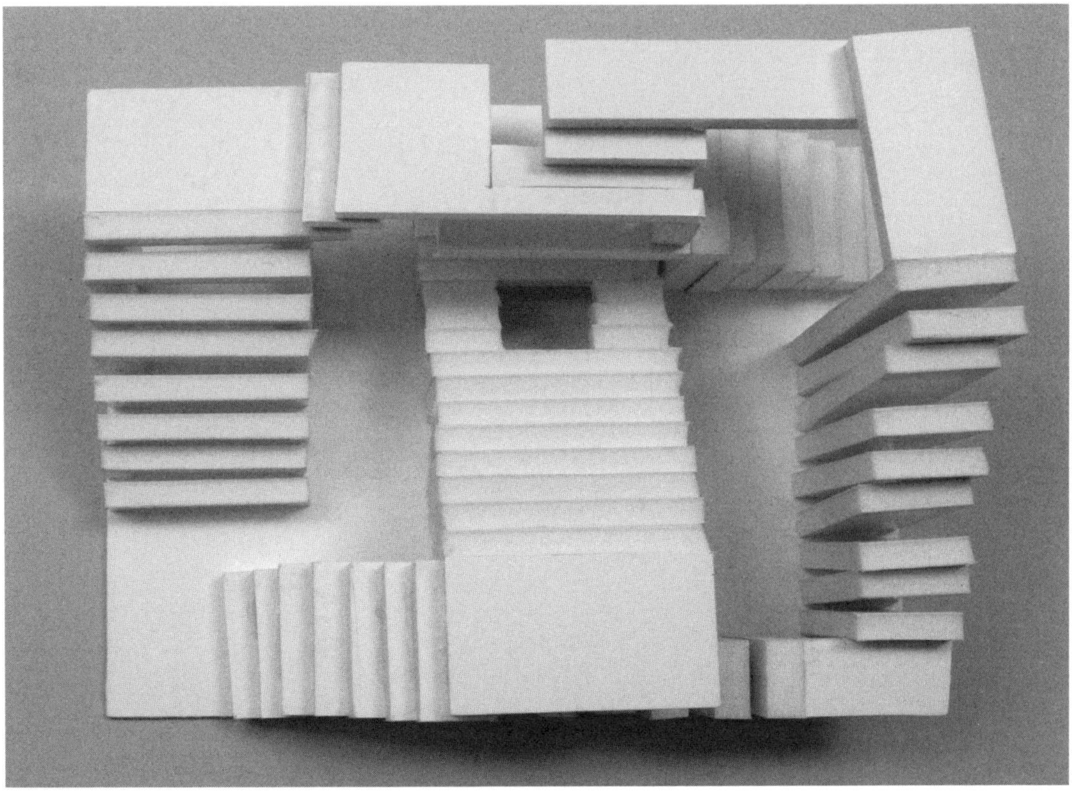

[83]

[84]

[85]

[84]
Beim Arbeitsmodell sind alle Materialien erlaubt, um die Aussage räumlich umzusetzen, auch weniger dauerhafte wie Plastilin oder einfache Wellpappe.

[85]
Gerade formbare Werkstoffe geben dem Modell ein fast bildhauerisches und plastisches Antlitz, das die (Eigen-) Dynamik des Entwerfens ausdrückt.

endgültigen räumlichen und gestalterischen Lösung ständig bearbeitet, modifiziert und verändert. Auch hier bewegt sich der Architekt methodisch noch im Bereich der dreidimensionalen Skizze, die sich im Arbeitsmodell artikuliert. Entwurfsgedanken werden auf ihre Beständigkeit im räumlichen Objekt hin überprüft und gegebenenfalls am Modell entwickelt und fortgeführt. Manchmal beginnt man damit, etwas zu bauen und weiß noch gar nicht, was es am Ende werden kann – analog zu dem Strich einer Skizze, dessen Strichende auch nicht absehbar ist, sondern spontan entsteht.

So geht es (noch) nicht um Präzision und den Anspruch des Perfekten, sondern darum, die Qualität der Idee sowie die Fehler darin zu erkennen und das gerade geklebte Stück Karton oder Papier als Folge dieser Erkenntnis wieder zu entfernen. Vielen Studierenden der Architektur ist schmerzlich in Erinnerung, wie ein Lehrender das sorgfältig und liebevoll zusammengesetzte Modell in der Besprechung buchstäblich zerreißt, um auf den Mangel hinzuweisen.

Um dennoch keine Hemmschwellen für den kreativen Prozess aufzubauen, ist es empfehlenswert, auf einfache und leicht zu bearbeitende Materialien und Werkstoffe sowie schnell verfügbare Werkzeuge zurückzugreifen. Nur so bleibt es möglich, die Arbeitsmodelle immer wieder umzubauen bis die Lösung gefunden ist und sie auch mühelos zu verwerfen, wenn das erwartete räumliche Ergebnis noch nicht erreicht ist. Arbeitsmodelle sind unersetzbare Wegbegleiter im gesamten Entwurfsprozess. Sowohl auf der Ebene des Städtebaus als auch bei der architektonischen Ausformulierung des Entwurfs liefern sie entscheidende Hinweise und Impulse.

3. Das Präsentationsmodell – ideenhaft ausgereift (Maßstab dem Modelltyp entsprechend)

Mit dem Modell zur Präsentation des Entwurfs bringt der Architekt alle bisher erarbeiten Inhalte zusammen und zu einer eindeutigen Aussage. Spätestens jetzt ist es nicht mehr belanglos, welche Materialien und welche Bearbeitungsformen für die Herstellung des Modells gewählt werden, denn jetzt wird über die inhaltliche Botschaft hinaus auch eine ästhetische und handwerkliche Aussage getroffen, die bei der Wahrnehmung nicht zu unterschätzen ist. Das Präsentationsmodell muss auch gestalterische Aspekte berücksichtigen und unterscheidet sich deutlich vom experimentellen Charakter seiner Vorgänger. Natürlich markiert der Einsatz eines Modells stets einen Zwischenstand – die Abgabe bei einem Wettbewerbsverfahren oder die Vorstellung der Entwurfsplanung bei einem Bauherrn. Noch repräsentiert das Modell nicht den endgültigen Entwurf, der schließlich 1:1 umgesetzt wird, doch der Grad an Genauigkeit ist bereits sehr hoch.

In jedem Fall steht das Präsentationsmodell gleichberechtigt neben den präsentierten Plänen, beide Darstellungsmittel ergänzen sich in der Art und Qualität der Darstellung und geben dem Entwurf zusammen ein Gesicht.

Das Präsentationsmodell im Architekturstudium

Schon im Studium entwickeln viele Architekten eine hohe Einsatzbereitschaft. So steht am Ende einer Projektarbeit häufig der Anspruch, den eigenen Entwurf mit einem möglichst perfekt gebauten Modell abzuschließen. Interessanterweise lässt sich in diesen Endphasen der Entwurfsbearbeitung das immer gleiche Phänomen beobachten: die fehlende Zeit, um den gesetzten Anspruch an die Qualität des Modells auch wirklich umsetzen zu können. Auch später, in der beruflichen Praxis, zumindest in der

110

Funktion

[86]
Arbeitsmodelle haben noch mehr als Präsentationsmodelle die Eigenschaft, durch Weglassen vieler Details und Inhalte den Blick auf die Kernaussage zu schärfen. Wände, Decken und Öffnungen formulieren den Raum.

Endphase von Wettbewerbsverfahren, wiederholt sich die Erfahrung, dass Zeitdruck am Ende der beste Motor ist, um einen Entwurf abzuschließen. Das Modell, im zeitlichen Ablauf an letzter Stelle, entsteht nicht selten in der letzten Nacht vor dem Ende der Abgabefrist. Dabei spielt – sowohl in den Schlusskritiken der Hochschulen als auch in den Preisgerichten bei jedem Architekturwettbewerb – das geforderte Modell eine zentrale, wenn nicht sogar die entscheidende Rolle, um für den Entwurf zu werben und ihn in all seinen qualitativen Aspekten darzustellen.

Warum also das Modell nicht zuerst erstellen und die Zeichnungen am Ende anfertigen? Da das Entwerfen ein immerwährender Prozess ist, der später nicht einmal auf der Baustelle abgeschlossen sein wird, kann der Entwurf im besten Fall davon profitieren, wenn das Modell vor der Zeichnung entsteht und auch Impulse für den Plan gibt. Selbst das finale Modell trägt das Erkenntnispotential eines Arbeitsmodells noch in sich und bereichert damit den gesamten Entwurfsprozess.

Der Aufwand für das Präsentationsmodell ist größer als für das Arbeitsmodell, allein schon begründet durch die Wahl der Materialien: Dauerhafte und „wertvolle" Werkstoffe wie feine Hölzer, stabile und feste Materialien kommen zum Einsatz. Sie sollen gewährleisten, dass das Modell über längere Zeiträume verwendet und konserviert werden kann. Papier und Karton, die sehr gut geeignet sind für Arbeitsmodelle, verfügen nicht über die nötige Dauerhaftigkeit und Lichtbeständigkeit und empfehlen sich daher nur bedingt für die Präsentation. Ein nicht zu vernachlässigender Gesichtspunkt ist außerdem, dass fast jedes Modell in einer Konkurrenzsituation mit anderen Arbeiten steht. Niemand propagiert die bildhafte „Materialschlacht", doch der sinnfällige und zweckgerichtete Einsatz der Werkstoffe ist nicht unerheblich für den Erfolg eines Modells. Nicht zuletzt simuliert das Modell im entsprechend verkleinerten Maßstab die Entscheidung über den Baustoff des echten Hauses.

Mit der Entscheidung für das Material wird auch klar, dass der Modellbau mit Maschinen und Werkzeugen bewältigt werden muss. Der Architekt kann nicht mehr selbstständig mit einfachem Gerät handeln, sondern ist auf Modellbauwerkstätten mit professioneller Ausstattung angewiesen. Plötzlich treten logistische und terminliche Überlegungen mit in den Vordergrund: Wie kann der „Bauablauf" des Präsentationsmodells gestaltet werden? Auch hier besteht eine frappierende Analogie zum echten Bauen!

Das Präsentationsmodell in der Praxis – Modell der Ausführung

Im Architekturbüro kommt dem Präsentationsmodell die weitere wichtige Aufgabe zu, das entscheidende Modell für die Ausführung zu sein. Es stellt meist ganz konkret die Vorwegnahme dessen dar, was in der Folgezeit im Maßstab 1:1 auf der Baustelle entstehen wird. Diese erste materielle Umsetzung des Entwurfs ist daher sehr bedeutsam – und einzigartig, sollte eine Ausführung doch nicht vom Bauherrn gewünscht werden. Vor diesem Hintergrund ist die Funktion des Ausführungsmodells vielschichtig: An erster Stelle stehen nach wie vor die räumliche Konzeption und die damit verbundene architektonische Ordnung, die das Modell vermittelt. Doch hinzu kommen auch Aspekte der Wirtschaftlichkeit, die das vorgeschlagene Konzept des Architekten bewältigt, und die im Zusammenhang mit der Trag- und Baukonstruktion des Gebäudes fester Bestandteil der Betrachtung sind. Das Modell kann die Entscheidungsträger davon überzeugen, dass die Planung bereit ist für die Bauausführung im Maßstab 1:1. Die jetzt noch offenen und nicht erkennbaren Fragen, die den Charakter und die zu erwartende Qualität des Gebäudes betreffen,

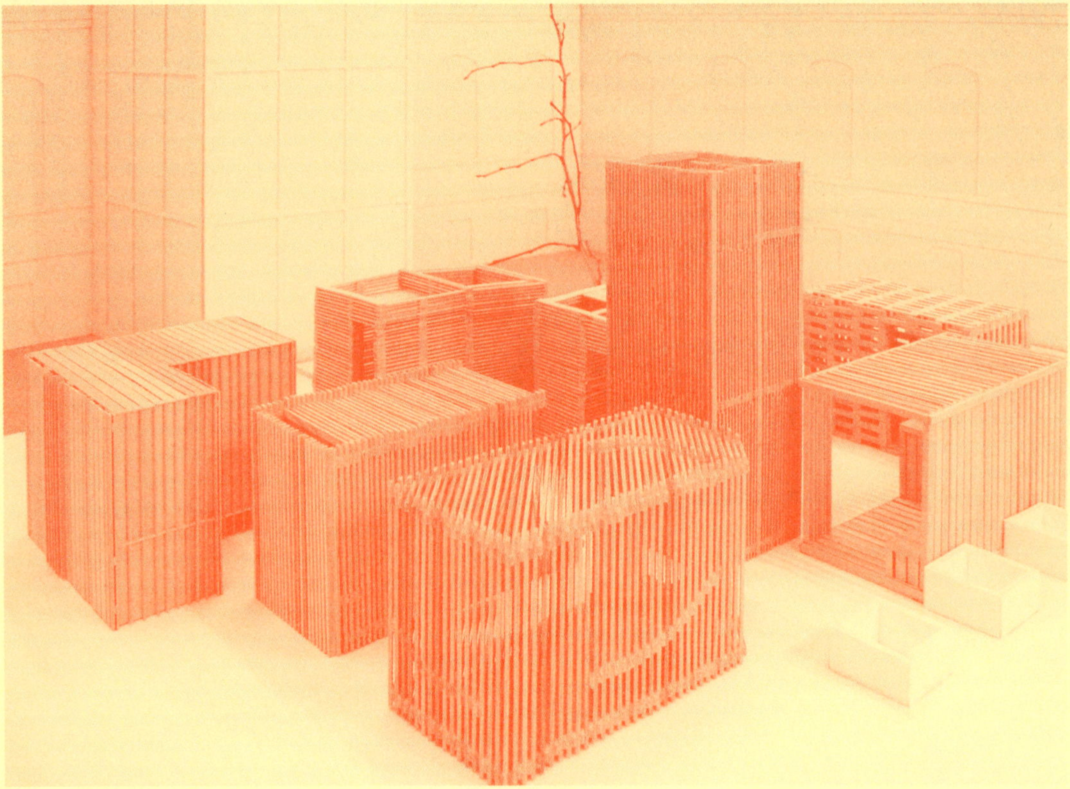
[89]

[90]

kann nur das gebaute Werk am Ende selbst beantworten, das Modell hat seinen Zweck erfüllt.

Von allen dem Planer zur Verfügung stehenden Werkzeugen erfüllt das Modell die Funktionen der Kontrolle und Darstellung am besten – den Darstellungen auf dem Bildschirm des Computers fehlt die dritte Dimension, um wirklich räumlich zu sein. Der Nutzen des Modells hängt im Architekturbüro entscheidend davon ab, wie komplex es angelegt ist. Je größer der Maßstab, desto größer die Detailtreue und desto besser die Wirkung des geplanten Raums. Jede gezeichnete Information, jede Planungsentscheidung darf und soll in den Modellbau mit einfließen, um der Wirklichkeit so nahe wie möglich zu kommen. Vor allem bei Maßstäben ab 1:20 soll gut überlegt sein, wie die für das tatsächliche Gebäude vorgesehenen Materialien und Werkstoffe mit ihrem Charakter und ihren spezifischen Eigenschaften am Modell umgesetzt werden können. Bestenfalls kommen für Modell und wirkliches Gebäude dieselben Baustoffe zum Einsatz. Das Gebäudemodell kann darüber hinaus sehr gut klären, wie sich der Übergang des Gebäudes zum Außenraum verhält. Die Schnittzeichnungen geben bei schrägem Gelände immer nur punktuell Auskunft darüber, wie sich das Bauwerk in die organisch geformte Topografie einsetzen wird. Das Modell hingegen thematisiert alle Schnittpunkte vollständig.

Modell und Wirklichkeit

Das Architekturmodell bildet als Objekt die Wirklichkeit verkleinert ab. Dies geht nicht ohne den Trick, unwesentliche Aspekte der gebauten Wirklichkeit durch Abstrahierung auszublenden. Es gibt also einen wesentlichen Unterschied zwischen der Wirklichkeit, die das Modell suggestiv vermittelt und von jedem Betrachter auch subjektiv wahrgenommen wird, und der möglichen gebauten Wirklichkeit. Modelle verführen ihre Betrachter und das ist auch ihre Absicht. Inwieweit halten die Bauwerke, auf die sie sich verkleinert und stellvertretend beziehen, diesem Eindruck stand? Das Modell ist noch befreit von den Zwängen und Herausforderungen, vor die das wirkliche Bauen den Architekten stellt.

Darüber hinaus verfügt das Modell über eine persönliche Komponente, wie bei Skizze und Plan ist die „Handschrift“ des Verfassers meist ablesbar. Dies macht jedes Modell einzigartig und genauso wie das gebaute Haus ist es in seinem Entstehungsprozess in der Regel nicht reproduzierbar. Ein Modell ist ein Unikat, so wie jedes gebaute Haus gleichermaßen.

[87]
Das hochwertige Material lässt das Präsentationsmodell wertvoll erscheinen und vermittelt dem Betrachter die „Seriosität“ der Entwurfsidee. Monochromes Holzmodell mit Holzfurnier und Holzleisten

[88]
Mit viel Liebe zum Detail und handwerklichem Einsatz, zeigt das Modell viele Informationen, die der Entwurf beinhaltet. Polychromes Modell mit Pappen, Hölzern, Holzfurnieren und bedrucktem Papier

[89]
Präsentationsmodell von temporären Pavillons als Raum-Installation, 1:20, Holzpappe und Holzstäbe

[90]
Umsetzung der Pavillons als „gebaute“ Raum-Installation im Maßstab 1:1. Durch die Realisierung und den Maßstabssprung in die Wirklichkeit behalten die Objekte trotz der menschlichen Dimension den modellhaften Charakter. Holzbretter geschraubt

[91]
In feiner Handarbeit entstehen die Verkleinerungen der Architektur.

Modellbaustelle

5

Wie baut man ein gutes Modell? Was macht letztlich ein gutes Modell aus und nach welchen Kriterien ist es zu bewerten?

Die Beschäftigung mit den Herstellungsprozessen von Modellen ist überaus vielfältig und durchaus spannend. Für junge Studierende stellt der Modellbau vielleicht die erste Berührung mit Bauprozessen an sich dar. Es ist legitim, die Arbeit am Modell auch als Bau zu bezeichnen, wenngleich bei einem einfachen Arbeitsmodell aus Wellpappe und Folie die Erkenntnis des Prozesshaften vielleicht nicht so umfassend ist wie bei einem größeren Modell, bei dem die Verwendung und Verarbeitung des Materials entsprechend anspruchsvoller ist.

Thesenhaft formuliert ist das Erlebnis, Modelle zu bauen, für den Architekten zugleich das Erlebnis, den Entwurf zu verwirklichen. Nicht wenige Entwürfe sind utopisch in ihrem Ansatz. Das Modell gibt der Utopie eine Bühne und macht sie über die Ebene der Zeichnung hinaus greifbar.

[92]

[92]
Das Modell konfrontiert mit grundsätzlichen Gestaltungsfragen: etwa der Proportion und Komposition der Teile zueinander, hier das Verhältnis der Grundplatte (Sockel) zum eigentlichen Objekt.

In den folgenden Schritten wird der Prozess des Modellbaus dargelegt – mit den ständig anklingenden Parallelen zum echten Bauen eines Gebäudes. Diese Schritte, wie auch alle Tipps und Hinweise, sind als Anregungen zu verstehen. Es ist offensichtlich, dass die Vielfalt beim Modellbau mit seinen mannigfaltigen Möglichkeiten und Verfahren immens ist. Den einen konkreten Bauplan, nach dem man Schritt für Schritt vorgeht, etwa vergleichbar mit den Bauanleitungen bei Modellflugzeugen, -schiffen und -eisenbahnen, den gibt es beim Modellbauen nicht. Es geht vielmehr darum aufzuzeigen, was nach dem neuesten Stand der Modellbaukunst möglich ist. Das folgende Kapitel möchte eine Übersicht über die handwerklichen Techniken und Verfahren geben, mit denen man die kleinen Architekturen herstellt.

Vom Konzept zum Modell

Vor dem Bau beginnt die Planung. Diese Analogie zur Architektur zeigt sich schon zu Beginn. Der Entwurf des Modells versteht sich als Übersetzung des vorliegenden Gebäudeentwurfs auf die Ebene des Modells. Es wird abstrahiert und überlegt, wie sich die Transformation in den festgelegten Maßstab bewerkstelligen lässt. Und noch konkreter braucht der Architekt Pläne, nach denen er bauen soll. Das dargestellte Gebäude wird in dieser Modell-Planung in seine Modell-konstruktiven Einzelteile zerlegt: Volumen, Flächen und Stäbe (Linien). Daraus formt sich das Gestaltungskonzept, mit dem Ziel eines Architekturmodells, welches ästhetisch, inhaltlich und handwerklich zu überzeugen weiß. Mit den folgenden Überlegungen und Fragestellungen kann die Auseinandersetzung mit dem Prozess des Modellbaus beginnen:

- Intention des Modells
- Wer wird angesprochen?
- Welche gestalterischen Aspekte sollen vermittelt werden?
- Inhalt des Modells
- Material
- Farbe / Farbigkeit
- Maßstab und tatsächliche physische Größe des Modells
- Wie abstrahiert man (Grob- oder Feinheit der Darstellung)?
- Festlegung der Typologie
- Komposition
- Proportion(en)
- Wirtschaftlichkeit des Modells

Man kommt nicht umhin, das Architekturmodell und seinen Bau als eigenes Projekt zu verstehen. Planung und Ausführung bilden eine Einheit im Prozess der Herstellung. Auch für ein Modell ist beispielsweise ein gutes Kostenmanagement notwendig: ein kostenintensives Modell ist nicht zwangsläufig ein gutes. Im Laufe der Ausbildung und später im Berufsleben entwickelt jeder zum Modellbau eine spezifische Haltung – ähnlich der eigenen Handschrift.

Gestaltung – die Prinzipien Komposition und Proportion

Vielleicht fühlt es sich wie die Wiederholung eines Gedankens an: auch am Anfang des Modellbaus tauchen die Grundsatzfragen aus der Gestaltungslehre auf. Ohne diese Überlegungen zur Gestaltung wird man das Modell nicht bauen können. Es folgt die Auseinandersetzung mit den Grundsätzen der Miniatur: Wie abstrakt soll der Entwurf von der Zeichnung ins Modell umgesetzt werden? Schon die Auswahl der Grundplatte und ihrer Größe will gut überlegt sein: quadratisches Format oder Goldener Schnitt oder die exakte geometrische Wiedergabe des Zuschnitts des Grundstücks? Wie komponiert man die Werkstoffe, gibt es etwa einen Dialog zwischen Gegensätzlichem, sucht man den Kontrast, um eine bestimmte Botschaft zu vermitteln? Diesen Fragen nähert man sich am besten experimentell an und studiert in kleinen Versuchen und Arbeitsproben, welche Komposition die gestalterisch befriedigendste Lösung bietet. Auf dem Bau bemustert der Architekt schließlich auch die Baustoffe, um zu entscheiden, welches Material letztendlich ausgewählt wird.

Jede Festlegung im Detail steht im Zusammenhang mit dem Ganzen. Analog zur Architektur spielen die Elemente, die das Modell ausmachen, zu einer Einheit zusammen. So sind Komposition und Proportion in der Architektur zu verstehen. Übertragen auf das Architekturmodell lassen sich die Aspekte der Gestaltungslehre, die auch im Modell greifen, im Wesentlichen folgendermaßen zusammenfassen:

- Welche Größe hat der Ausschnitt der Umgebung im Maßstab und welche Position hat das Gebäude in diesem Zusammenhang, damit die räumliche Aussage im Sinne des städtebaulichen Kontextes am besten vermittelt wird?
- In welchem Größenverhältnis steht der Entwurf zur gesamten Darstellung?
- Stellt man den Entwurf geometrisch ins Zentrum des Modells oder ergibt sich ein gestalterischer Anreiz, dies bewusst nicht zu tun?
- Randlage im städtebaulichen Kontext wird analog übersetzt in die Randlage im Modell.
- Werden die Aussagen des Modells am besten über Gegensatzpaare umgesetzt?
- Opak oder transparent, grob oder fein, gegenständlich oder abstrakt, monochrom oder farbig?

Die Beschäftigung mit diesen Fragen führt meist intuitiv zu einem Verständnis dafür, wie der eigene Entwurf am sinnvollsten gestaltet werden kann. Viele gestalterische Entscheidungen sind naheliegend oder spielen schon beim Entwurf selbst eine Rolle. Es geht immer um die Frage, welches Bild man beim Entwerfen vor Augen hat und wie man dieses Bild für andere sichtbar macht.

Material – der Stoff, aus dem die Modelle sind

Wenngleich die Auswahl an Materialien für den Modellbau geringer ist als beim echten Bauen, stehen doch in einschlägigen Fachgeschäften sowie durch kreative Zweckentfremdung genügend Möglichkeiten zur Verfügung, um ein Modell zu materialisieren.

Arbeitsmodelle werden dabei meist aus Werkstoffen gefertigt, die dem experimentellen Charakter des Objekts Genüge tun. Papier und Karton bieten sich an, weil sie günstig zu beschaffen und einfach in der Bearbeitung sind. Für die Präsentationsmodelle, die mit höherem Anspruch an die Ausarbeitung gefertigt werden, gelten andere Prinzipien. Hier steht das optimale Ergebnis im Vordergrund.

Neben dem Maßstab sind wesentliche Kriterien für die Materialwahl, welche Werkzeuge und Maschinen zur Verfügung stehen und welches handwerkliche Geschick und Talent der Modellbauer mitbringt. Modellbauen ist Übungssache – bei jedem Modell lernt man dazu.

Sobald die Entscheidung gefallen ist, ob ein Modell aus Pappe, Holz, Metall oder Kunststoff gebaut wird, taucht die nächste Frage auf: Wird es ein monochromes Modell, das nur in diesem einen Werkstoff auf der abstrakten Ebene der Darstellung gearbeitet wird? Im Grunde lassen sich mit vielen dieser klassischen Werkstoffe alle Bauteile darstellen, genau hier liegt ein besonderer Reiz. In monochromen Modellen sind alle Teile auf ihr Dasein im Kontext abstrahiert, sie treten für die abstrakte Form und den Ausdruck zurück. Fassaden beispielsweise werden reliefhaft, da transparente Teile wie Fenster entweder gar nicht oder als Blindfeld dargestellt sind. Ein einzelner Stoff genügt, wenn er das Potential besitzt, vielseitig bearbeitbar und einsetzbar zu sein, und wenn sich mit Werkzeugen oder auch Beschichtungen (Farbe und Lack) seine Oberfläche differenzieren lässt. Modelle aus Pappe, vor allem aus grauer Pappe, und die aus Polystyrol und Gips, die vor Fertigstellung mit

[93]
Durch die Wahl des Materials (eingefärbter Gips) erhalten die Modelle über alle Maßstäbe hinweg eine einheitliche Gestalt und Lesbarkeit. Ebenso vermittelt das Material eine expressive Massivität und die Art der Verarbeitung eine Abstraktion im Sinne von Grobheit und Unschärfe, die dem Betrachter genügend Raum für eigene Vorstellungen lassen.

[94]
Wettbewerbsmodell als Hybrid zwischen Städtebau- und Gebäudemodell. Durch die Abstraktion geben wenige Details schon eine Vorstellung von der architektonischen Idee. 1:500, Polystyrol, weiß lackiert

[95]
Holzmodelle sind durch die Natürlichkeit des Materials traditionell ausdrucksstark und unterstreichen den Wert des Modells als Objekt. 1:50, Holzstäbe, geschichtet

[96]
Modelle aus Kunststoffen wie Polystyrol und Acrylglas erlauben höhere Präzision und vermitteln die Genauigkeit moderner Stahl-Glas-Konstruktionen in der Verkleinerung, die Materialität bleibt im Hintergrund. 1:50

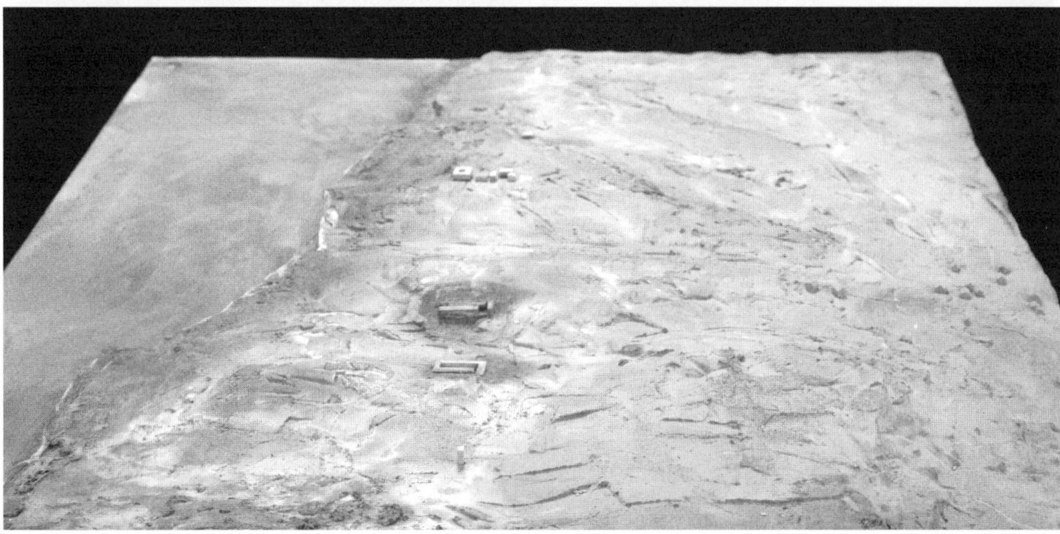

[93]

[94]

[95]

[96]

[97]

[97]
Ludwig Mies van der Rohe, Barcelona-Pavillon, 1929. Studienmodelle in zwei Ausführungsvarianten, als Holz- und als Pappmodell, 1:50, Sperrholz bzw. weiße Pappe. Man erkennt, welchen Einfluss – unabhängig vom architektonischen Entwurf – die Wahl des Modellbaumaterials auf das Ergebnis hat.

mattem weißen Lack überzogen wurden, stellen die bekanntesten Beispiele für monochrome Modelle dar. Durch die Einheit von Farbe und Oberflächenbeschaffenheit bieten diese Modelle den Vorteil, dass nicht das Material in der Wahrnehmung in den Vordergrund tritt, sondern der abstrahierte Raum. Für Architekturwettbewerbe wird häufig ein monochromes Modell gewählt, das im Maßstab 1:500 eine Mischung aus Städtebau- und Gebäudemodell darstellt und das sich auf die ganz signifikanten Aspekte des Entwurfs reduziert.

Neben Pappe und Polystyrol sind es auch die Modelle, die nur in einer Holzart gefertigt wurden, die diese ausdrucksstarke Reduktion aufweisen. Das Reizvolle dieser Holzmodelle besteht darin, dass sie trotz der Einheitlichkeit des Materials durch die besondere Eigenschaft der Hölzer lebendig wirken. Ihre Maserung und natürliche Farbigkeit in Nuancen unterstreichen die Einzigartigkeit des Modells. Wie in Museen und Archiven an älteren Objekten aus Holz zu sehen ist, können diese Arbeiten außerdem sehr schön altern: die Patina stört die Ästhetik des Modells überhaupt nicht, ganz im Gegenteil.

Neben den monochromen Varianten werden Modelle meist aus mehreren Materialien gearbeitet, wobei das Materialkonzept des Modellbauers die inhaltliche Differenzierung in verschiedene Stoffe übersetzt. Die Grundplatte mit dem Gelände besteht aus einem Material, die bestehende Bebauung noch aus demselben Werkstoff, nur das eigentliche Gebäude rückt durch sein eigenes Material deutlich in den Blick des Betrachters. Wie in der Realität nutzt der Architekt im Modell die Mischung aus Materialien, um verschiedenen gestalterischen Elementen Ausdruck zu verleihen.

Prinzipiell ist es möglich, die Gegensätze, die der Architekt in seiner architektonischen Idee zum Thema macht, auch eins zu eins in das Konzept des Modells zu adaptieren. Gerade im Modell kann sie noch schärfer und auf eine Art überzeichneter umgesetzt werden. Abstraktion im Sinne einer Reduktion auf ein Material wäre bei diesem Ansatz nicht der richtige Weg, denn die Klarheit und Prägnanz der Idee würden nicht in dem Maße vermittelt.

An dieser Stelle muss jedoch auf ein Phänomen hingewiesen werden, welches sowohl in der Architektur als auch im Modellbau auftritt: Es können auch zu viele Werkstoffe verwendet werden!

Gestaltung in der Architektur	Gestaltung im Architekturmodell
Transparente und transluzente Bauteile: Gläserne Gebäudehülle mit stabartigem Tragwerk; die Durchsichtigkeit steht im Fokus.	**Modellbauteile:** Transparente Folien wie PVC oder Acrylglas; alternativ wird das Glas weggelassen und nur die Tragstruktur dargestellt.
Massive Bauteile: Mauerwerk, Naturstein oder Sichtbeton	**Modellbauteile:** Massivholz oder dasselbe Material im geeigneten Maßstab
Stabwerk: Holztragwerke und Stahl-Skelettkonstruktionen (leichte und filigrane Gerüste)	**Modellbauteile:** Filigrane Konstruktionen aus Holz- oder Polystyrol-Profilen im geeigneten Querschnitt
Fassade: Kombination von glatten, feinen Putzoberflächen *mit* grobem, horizontal strukturiertem Ziegelmauerwerk *oder* grober Natursteinfläche	**Modellfassade:** Kombination von glatter Pappe, Holzfurnier oder MDF *mit* mit dem Schneidemesser eingeritzten Fugen *oder* mit Schleifpapier angerauten Flächen (bei Pappe oder MDF wird die obere glatte Schicht entfernt)

[98]

[99]

[100]

Der berühmte Grundsatz von Ludwig Mies van der Rohe (1886–1969) hat seine Berechtigung auch im Architekturmodellbau: „Weniger ist mehr!" Sonst findet eine Überfrachtung, eine Materialschlacht statt, die sowohl Lesbarkeit als auch Ausdruck des Modells eher beeinträchtigt als fördert.

Abstraktion oder Liebe zum Detail?

Die Art der Darstellung und der daraus resultierende Umgang mit den gewählten Materialien ist ein weiteres wesentliches Kriterium für die Qualität des Modells. Jeder Modellbauende entwickelt dabei seinen eigenen Stil – es wurde diesbezüglich schon von der „Handschrift" gesprochen.

Die immerwährende Frage, die den Modellbauenden beschäftigt, ist diejenige nach dem Umgang mit der Abstraktion. Verfolgt man den Weg, selbst im kleinen Maßstab die Feinheiten des Entwurfs in der Darstellung zu berücksichtigen, eben weil man davon überzeugt ist, dass dieses Vorgehen das Modell bereichert? Oder beschränkt man sich in der Aussage und wählt eine einfache Umsetzung, sodass das Modell vom Weglassen lebt? Wichtig ist bei jedem Weg, den man einschlägt, dass man sich konsequent an diese Richtung hält und denselben Grad an Abstraktion stets beibehält. Es macht beispielsweise wenig Sinn, die Umgebung präzise und mit vielen Feinheiten wiederzugeben, und der implantierte Entwurf selbst lässt diese Liebe zum Detail vermissen.

Jeder Maßstab gibt dem Modellbauer im eigentlichen Sinne das Maß der Abstraktion schon vor. Ein Fenster im Maßstab 1:500 wird entweder nicht dargestellt oder in Zeiten digitaler Schneidewerkzeuge vielleicht als rechteckige Öffnung im Werkstück herausgearbeitet. Im Maßstab 1:100 wird dieses Fenster schon viel deutlicher: es spielt eine Rolle, ob es einen Rahmen hat, ob es in seiner Größe geteilt und ob erkennbar ist, wie es in der Fensterlaibung sitzt. Im Maßstab 1:50 und 1:20 wird es noch konkreter: hier werden Rahmen, Flügel sowie gegebenenfalls auch die Verglasung dargestellt.

Der Abstraktionsgrad im Modell steht in direktem Zusammenhang mit den Zeichnungen, und Wechselwirkungen zwischen den Darstellungsarten sind hilfreich. So abstrakt wie ein Türelement im Plan gezeichnet ist, so abstrakt würde man es auch im Modell nachbilden. Abstraktion ist immer verbunden mit der Frage nach dem Wesentlichen des Entwurfs. Diese sollte man sich stellen oder nochmals reflektieren, bevor man zum Schneidemesser greift.

Wie bei den Zeichnungen erzeugt das Abstrahieren den Freiraum, den der Betrachter zur Verfügung hat, um sich die Dinge vorzustellen. Der Raum für eigene Vorstellungen ist selbstverständlich größer, je abstrakter und unkonkreter die Aussage im Modell fixiert ist. Das Modell besitzt eine Wirkung auf den Betrachter, die von jeder einzelnen Entscheidung über die Darstellung eines Teils beeinflusst wird. Man darf und soll die Wahrnehmung – im positiven Sinne – lenken. Ein detailliertes und scheinbar perfekt ausgeführtes Modell erzeugt beim Betrachter den Eindruck, dass der Entwurf ebenso weit ausformuliert und ausdifferenziert ist. Für diesen Anspruch steht das Modell in eben diesem Moment. Empfehlenswert ist diese Strategie vor allem bei Personen, denen quasi ein fertiges Ergebnis und damit eine finale Entscheidungsgrundlage für die Umsetzung des Entwurfs vermittelt werden soll. Für einen Bauherrn, der große Investitionen tätigen soll, ist der Anspruch gerechtfertigt, sich möglichst nahe an der Realität zu bewegen. Bei experimentellen Studienarbeiten empfiehlt sich eher die Taktik, mit einer gewissen Unschärfe in der Aussage vorzugehen.

Der Liebe zum Detail sind kaum mehr Grenzen gesetzt. Es ist selbst für professionelle Modellbauer immer wieder verblüffend, mit welcher Präzision die digitalen Maschinen arbeiten können. Ein lasergeschnittenes Werkstück aus Pappe weist einen

[98]
Das Fenster als abstrakte Öffnung in der Fläche im Maßstab 1:500 oder 1:200
[99]
Das Fenster mit Rahmen. Das Wesentliche des architektonischen Elements wird im Maßstab 1:100 oder 1:50 gezeigt.
[100]
Das Fenster mit allen Bestandteilen wie Flügel, Glas und Teilung. Detaillierter im Bezug auf die Wirklichkeit im Maßstab 1:20 oder 1:10

Feinheitsgrad auf – oft sind es nur Bruchteile eines Millimeters –, der weder mit manuellem Werkzeug herstellbar gewesen wäre, noch für das bloße Auge wahrnehmbar ist. Die Darstellung des Details geht also bis an die Grenze des technisch Machbaren. Als Orientierungshilfe kann gelten, dass die Darstellung eines Details ab dem Punkt nicht mehr sinnvoll ist, ab dem man es mit manuellen Methoden nicht mehr präzise erzeugen kann. Wenn es nicht mehr möglich ist, eine Fensteröffnung im gewählten Maßstab ordentlich auszuschneiden, dann ist sie wahrscheinlich kleiner als die Breite der Klinge und ihre Darstellung verzichtbar.

Perfektion als Fetisch

Obwohl man nicht oft genug betonen kann, dass sich der Architekturmodellbau sehr klar abgrenzt vom hobbymäßigen Bauen von Modellflugzeugen, -schiffen oder -eisenbahnen, ist eine Eigenschaft allen Modellbauern gemein: der Hang zum Perfektionismus! Dies gilt für alle, die Modelle mit Leidenschaft bauen und erst recht für jene, die den Architekturmodellbau sogar zu ihrem Beruf gemacht haben. Ihnen schreibt man nicht nur enorme feinmotorische Fähigkeiten zu. Sie haben auch den Ruf, wie Uhrmacher mit Lupe und Pinzette zu arbeiten und den höchsten Wert auf Präzision zu legen. Mit Messwerkzeugen, die in Bruchteilen von Millimetern agieren, kontrollieren sie ihre Arbeit, wohl wissend, wie wichtig Maßgenauigkeit für das Endergebnis ist. Man erkennt im Maßstab 1:200 sofort, wenn in einer Reihe von Stützen eine von diesen um wenige Millimeter in der Senkrechten aus der Reihe tanzt. Und oft ist beim genauen Hinsehen die Unsauberkeit in der Ausführung erkennbar. Bis zu einem gewissen Grad wird das Modell dadurch sympathisch, denn es ist schließlich ein Stück Handarbeit und dadurch auch unverwechselbar und strahlt eine Lebendigkeit im Ausdruck aus. Im Fall eines echten Gebäudes ist es nicht anders. „Auf dem Bau ist es nie genau!“, lautet ein Spruch unter Handwerkern. Das trifft meistens zu, wenn etwas gebaut wird. Deswegen ist es nur bedingt gerechtfertigt, beim Bau eines Präsentationsmodells Perfektion zu fordern. Denn diese Perfektion allein macht noch kein gutes Modell aus, und ist in keinem Fall ein Garant dafür. Nicht wenige Studierende gehen mit einem grob zusammengezimmerten Arbeitsmodell zu ihren Betreuern und erzeugen dennoch Begeisterung. Gute Ideen kann man auch mit einem improvisierten Modell vermitteln, und ohne großen Aufwand klar und anschaulich darstellen. Wichtiger als der Hang zum technisch perfekten Ergebnis ist die bereits erwähnte Handschrift, die bestenfalls aus dem Modell ersichtlich wird und die der Arbeit Ausdruckskraft verleihen kann. Eine grobe Ausführung und Darstellung kann ebenso als gestalterisches Mittel eingesetzt werden wie die perfekte Umsetzung, je nachdem, für welche Wirklichkeit das Modell Pate steht.

Materialien und Werkstoffe

Ohne Material kein Modell. Sie sind die Zutaten, die gebraucht werden, um die Idee zu verwirklichen. Erst mit dem Material schafft man den Sprung in die physisch begreifbare Wirklichkeit. Und es ist eine Kunst für sich, die Auswahl für das geeignete Material zu treffen. Analog zur Baupraxis wird deutlich, wie viele verschiedene Stoffe es gibt und fast alle eignen sich für den Modellbau! Jedes Material ist besonders im Hinblick auf seine Eigenschaften, die Möglichkeiten seiner Bearbeitung und den spezifischen Ausdruck, den es erzeugt, aber auch die Kosten spielen eine Rolle.

Auswahl des geeigneten Materials

Im Sinne der Abstraktion übersetzt man in der Regel die jeweiligen Eigenschaften des realen Bauwerks und den daraus resultierenden Ausdruck auf das Modellbaumaterial. Was in der Wirklichkeit rau oder glatt, glänzend oder matt, filigran oder massiv und schwer ist, muss sich auch im Modell so wiederfinden. Dabei spielt es keine Rolle, ob man sich beim Bau mit den klassischen Modellbaumaterialien wie Pappe und Holz beschäftigt oder auch andere Werkstoffe fantasievoll zweckentfremdet. Es kommt darauf an, dass man sich intensiv mit der zu erzielenden Wirkung auseinandersetzt und das Modellmaterial präzise auf diesen Aspekt hin auswählt. Glas ist transparent und reflektiert – diese Eigenschaften decken etwa transparente Kunststofffolien ab. Das Typische an Ziegeln ist das waagrechte Schichten des Steins – feine Streifen aus Pappe oder Holz interpretieren dies im Modell. Wasserflächen zeichnen sich durch das Spiegeln der Uferkanten und des Lichts aus – eine reflektierende Kunststoffplatte vermittelt genau diesen Effekt; in größerer Materialstärke und hinterlegt mit einem dunklen Material deutet sie sogar die Tiefe nach unten an.

Der Typus des Modells, der gewählte Maßstab, die zur Verfügung stehende Zeit und das Budget helfen zwangsläufig, die Entscheidungen für das Materialkonzept zu treffen. Viele Architekten entwickeln nebenbei ihren eigenen Geschmack für gewisse Werkstoffe und trainieren ihre Fähigkeiten in deren Bearbeitung.

Es existiert eine Fülle an Materialien, die für Architekturmodelle geeignet sind. Die folgende Materialkunde beschreibt die wesentlichen Baustoffe des Modellbauers.

Papiere, Pappen und Kartone

Die Beliebtheit dieser Werkstoffe erklärt sich durch ihre vielseitigen Einsatzmöglichkeiten. Vom einfachen Arbeitsmodell bis hin zum endgültigen Präsentationsmodell sind sie etabliert, denn sie sind preiswert, vielfältig verwendbar und sehr gut bearbeitbar, vor allem ohne Maschineneinsatz. Es gibt darüber hinaus eine breite Auswahl verschiedener Arten von Pappen, sodass man je nach

Übersicht über die wichtigen Materialien und Werkstoffe nach Herkunft und Eigenschaften sowie nach den Möglichkeiten ihrer Bearbeitung

Material / Werkstoff	Format / Art	Bearbeitung
Papier / Pappe / Karton	Bogen ab DIN A4 bis Längen über 1,0 m	Schneiden / Falten / Kleben / Beschichten
Holz / Holzwerkstoff	Block, Brett, Furnier, Stäbe und Profile	Sägen / Feilen / Schleifen / Leimen / Polieren / Beschichten / Wachsen / Ölen
Metalle	Bleche, Folien, Rohre, Stäbe und Profile	Sägen / Löten / Schweißen / Kleben / Strahlen / Polieren / Beschichten
Kunststoffe	Block, Platten, Folien, Stäbe und Profile	Schneiden / Sägen / Schleifen / Beschichten / Lackieren
Gips / Beton	Stoff oder Mischung (Pulver), mit Wasser flüssig	Schalung Bauen / Gießen / Austrocknen / Schleifen / Beschichten / Einfärben
Wachs / Seife	Bei Raumtemperatur fest, flüssig durch Erhitzen	Erhitzen / Gießen / Abkühlen / Einfärben
Ton / Plastilin / Knete / Formbare Stoffe	Block, verformbar	(Ab-)Formen / Kneten / Austrocknen / Brennen / Schleifen / Beschichten
Verbundwerkstoffe	Schichtverleimte Platten, formstabil und planeben	
Sonstige, zweckentfremdete Baustoffe	Vielfältig	

Papiere, Pappen und Kartone

Sorte	Eigenschaften	Verwendung	Verarbeitung
Zeichenpapier/-karton	• Hochweiße Farbe • Flächengewicht 120–900 g/qm • Glatte oder strukturierte Oberfläche	• Für weiße Oberflächen oder kleinmaßstäbliche Gebäudemodelle	• Leicht zu schneiden • Sehr gut zu kleben • Oberfläche kann farbig beschichtet werden.
Tonpapier	• Große Farbauswahl • Flächengewicht 130 g/qm • Glatte Oberfläche	• Für farbige Modelle aller Art (Konzepte, Collagen)	• Leicht zu schneiden • Sehr gut zu kleben
Fotokarton	• Große Farbauswahl • Flächengewicht 300 g/qm • Glatte Oberfläche	• Für farbige Modelle aller Art (Konzepte, Collagen)	• Leicht zu schneiden • Sehr gut zu kleben
Graupappe	• Warmgraue Farbe • Aus Altpapier hergestellt • Stärken: 0,6–2,5 mm • Glatte und raue Oberfläche	• Universell einsetzbar für alle Typen von Modellen	• Leicht zu schneiden • Sehr gut zu kleben • Oberfläche kann farbig beschichtet werden.
Holz (Finn-)pappe	• Beige Farbe ähnlich hellen Hölzern • Stärken: 1,0–4,0 mm • Glatte Oberfläche, „weich" • Vergilbt unter UV-Licht	• Universell einsetzbar für alle Typen von Modellen • Die helle Oberfläche eignet sich für die Simulation von Tageslichtsequenzen.	• Leicht zu schneiden • Sehr gut zu kleben • Oberfläche kann farbig beschichtet werden.
Siebdruckpappe	• Weiße Farbe • Holzpappe, beidseitig beschichtet mit weißem, glatten Papier • Kaschierte Oberfläche • Schnittkanten beige • Stärken: 1,0–3,0 mm	• Vor allem für (weiße) Innenraummodelle • Die weiße Oberfläche eignet sich für die Simulation von Lichtsequenzen aller Art.	• Leicht zu schneiden • Sehr gut zu kleben • Oberfläche kann farbig beschichtet werden.
Wellkarton	• Hellbraune Farbe • Ein- oder beidseitig glatt • Gedeckte, gewellte Struktur • Längs der Wellen formstabil, quer verformbar • Stärken: 1,5–6,0 mm • Mit einfacher oder doppelter Wellenlage verfügbar	• Vor allem für Arbeitsmodelle und Geländeschichtenmodelle geeignet	• Leicht zu schneiden • Sehr gut zu kleben • Oberfläche kann farbig beschichtet werden.
Pappwabenplatte	• Hellbraune Farbe • Beidseitig glatt gedeckt • Sehr formstabil und leicht • Stärken: 5,0–50,0 mm	• Für Grundplatten oder große Innenraummodelle	• Leicht zu schneiden oder sägen! • Sehr gut zu kleben • Oberfläche kann farbig beschichtet werden.

[101]

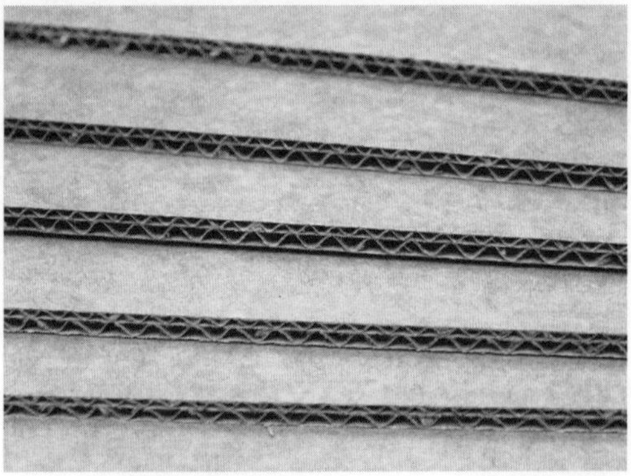

[103]

[102]

[104]

[101]
Für Volumenmodelle werden Holzblöcke verwendet aus: Balsa, Ahorn und Linde.
[102]
Für die Darstellung feingliedriger Teile werden Holzstäbe (Profile) verwendet aus: Mahagoni, Nussbaum, Birnbaum, Kiefer, Balsa, Abachi, Birnbaum, Linde und Mahagoni.
[103]
Wellpappe – glatt an der Oberfläche, gewellt an der Schnittfläche
[104]
Weitere typische Modellbauhölzer, meist als Furnierbrett verwendet: Abachi, Birnbaum, Linde und Mahagoni
[105]
Eiche – ein beigegelbes, gemasertes Holz
[106]
Kirsche – ein rötliches, gemasertes Holz
[107]
Teak – ein braunes, gemasertes Holz
[108]
Wenge – ein dunkelbraunes, fein gemasertes Holz
[109]
Zebrano – ein braunes, stark gemasertes Holz
[110]
Birke – ein helles, „gemustertes" Holz
[111]
Ahorn – ein helles, fein gemasertes Holz
[112]
Birke – ein leicht rötliches, fein gemasertes Holz

[105]

[106]

[107]

[108]

[109]

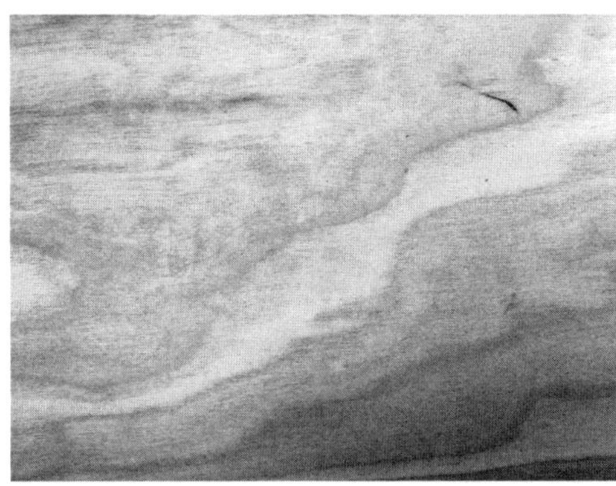

[110]

[111]

[112]

Darstellungsart die entsprechende Pappensorte verwenden kann.

Der Fachhandel bietet ein riesiges Angebot an verschiedenen Papieren, Pappen und Kartonen. Dem Prinzip des *Objet trouvé* folgend, kann man sich die meisten Werkstoffe aber auch aus Verpackungsabfall kostenlos beschaffen. Viele Modelle sind aus Schuh- oder Bananenkartons entstanden.

Hölzer und Holzwerkstoffe

Viele Bezeichnungen für ein Architekturmodell leiten sich nicht aus dem Typus ab, sondern aus dem Material, aus dem sie erbaut sind. Dies trifft besonders auf Holzmodelle zu, die uns schon aus der Renaissance überliefert sind. Das Modell der Kuppel des Petersdoms von Michelangelo (1475–1564) ist beispielsweise aus der Linde angefertigt worden. Aufwändiger in der Verarbeitung als jede Pappe, verfügt Holz über eine längere Haltbarkeit und vermittelt Wertbeständigkeit und Stabilität – nicht unwesentliche Kriterien auch für den darin steckenden Entwurf. Massives Holz – der natürliche und nachwachsende Rohstoff – eignet sich wie kaum ein anderer für Präsentationsmodelle, denn der Betrachter ist durch das Material an sich schon emotional berührt.

Natürliches Holz muss von den in der Verarbeitung und den Eigenschaften verwandten Holzwerkstoffen unterschieden werden. Alleine im mitteleuropäischen Kulturraum sind über 1 500 verschiedene nutzbare Holzsorten verfügbar. Welches Holz ist geeignet für das Modell?

Bei kleinen Formaten und Stücken ist es besonders vorteilhaft, die hellen und in der natürlichen Struktur (Maserung) feinen (astfreien) und schlichten Sorten zu verarbeiten.

Holzwerkstoffe

Holzwerkstoff	Eigenschaft	Verwendung	Verarbeitung
Spanplatte	• Preiswerte Holzplatte, aus Abfällen von Spänen • Raue Oberfläche • Stärken: 6,0–22,0 mm	• Für Grundplatten • Zur Darstellung rauer oder strukturierter Oberflächen, in Kombination mit Oberflächenbehandlung	• Bearbeitbar wie Holz • Sehr gut zu kleben • Kann sich durch zu viel Feuchtigkeit leicht verziehen
MDF (Mitteldichte Faserplatte)	• Harte, hochverdichtete Holzfaserplatte mit homogener, glatter Plattenstruktur • Sehr formstabil mit planer Oberfläche • Naturfarben (braun) oder eingefärbt erhältlich	• Für Grundplatten, Schichtenmodelle und komplette Gebäudemodelle im großen Maßstab	• Bearbeitbar wie Holz • Sehr gut zu kleben • Nachbehandlung der Oberfläche z. B. durch Klarlackieren oder Beizen
Sperrholzplatten (Birke, Buche, Pappel)	• Schichtverleimte Holzplatten aus mehreren Lagen der entsprechenden Hölzer • Sichtbare Maserung und Holzfarbe des jeweiligen Holzes	• Für Schichten- und Gebäudemodelle • Alternative zum reinen Holzmodell, da Sperrhölzer auch bei geringem Querschnitt stabil sind.	• Einfache Bearbeitung mit Cutter oder Säge, teils auch mit der Fräse (Birke)
Tischlerplatte	• Mehrschichtplatte aus verleimtem Holz • Sichtbare Maserung und Holzfarbe des jeweiligen Holzes	• Für Grundplatten oder Unterkonstruktionen geeignet	• Bearbeitbar wie Holz

Hölzer

Holzsorte	Eigenschaft	Verwendung	Verarbeitung
Abachi	• Laubholz • Weich und leicht • Geringe Festigkeit • Strohgelbe Farbe • Leicht lineare Maserung	• Furniere zur Darstellung von Holzoberflächen (glatt, genutet, strukturiert)	• Leicht mit dem Cutter zu schneiden (längs der Faserrichtung) • Sehr gut zu kleben • Flächig aufziehbar mit Sprühklebern
Ahorn	• Laubholz • Weich • Gelblich-naturweiße Farbe • Feine, nuancierte Maserung	• Für alle Modellarten verwendbar • Holzblöcke für Städtebaudarstellung • Furniere für Oberflächen und Gebäudemodelle	• Mit den gängigen Werkzeugen der Holzverarbeitung • Sägen und schleifen • Sehr gut zu kleben
Balsa	• Tropenholz • Extrem leicht und weich • Leicht glänzende und helle Oberfläche, samtig-weich • Homogene Struktur	• Furniere zur Darstellung von Holzoberflächen • Holzprofile für die Gebäudedarstellung	• Einfache Bearbeitung mit Cutter oder Säge • Längs der Faser kann das Holz leicht brechen • Sehr gut zu kleben
Birnbaum	• Laubholz • Gleichmäßig strukturiert • Hellrötlich-braune Farbe mit edler Oberfläche • Homogene Struktur	• Für alle Modellarten verwendbar • Holzblöcke für Städtebaudarstellung • Furniere für Oberflächen und Gebäudemodelle	• Mit den gängigen Werkzeugen der Holzverarbeitung • Sägen und schleifen • Sehr gut zu kleben
Buche	• Laubholz • Feste und gleichmäßige Faserstruktur • Hellbraun-rötliche Färbung • Homogene Struktur mit Punkten	• Für alle Modellarten verwendbar • Holzblöcke für Städtebaudarstellung • Furniere für Oberflächen und Gebäudemodelle	• Mit den gängigen Werkzeugen der Holzverarbeitung • Sägen und schleifen • Sehr gut zu kleben
Kiefer	• Nadelholz • Feste und lineare Faserstruktur • Gelbe Holzfarbe • Markante lineare (lebendige) Maserung	• Holzprofile für Tragwerks- und Konstruktionsmodelle aufgrund der Formstabilität des Holzes	• Je nach Abmessung ist Kiefer mit Cutter und Säge sehr einfach zu bearbeiten.
Linde	• Laubholz • Kurzfaserig und weich • Gelblich-helle Farbe • Homogene Struktur	• Linde ist eines der meistverwendeten Hölzer im Modellbau für nahezu alle Einsatzmöglichkeiten.	• Je nach Abmessung ist Linde mit Cutter und Säge sehr einfach zu bearbeiten.
Mahagoni	• Tropenholz • Sehr hart • Leicht glänzende Oberfläche • Dunkle, rotbraune Färbung • Feine lineare Maserung	• Einsatz als Kontrast zu allen hellen Holzarten oder Modellbaumaterialien	• Aufgrund seiner Härte nur mit der Säge und Schleifwerkzeugen zu bearbeiten
Nussbaum	• Laubholz • Hart • Je nach Herkunft fein oder grob gemasert • Tief-dunkelbraune Farbe	• Einsatz als Kontrast zu allen hellen Holzarten oder Modellbaumaterialien • Edles Erscheinungsbild	• Mit den gängigen Werkzeugen der Holzverarbeitung • Sägen und schleifen • Sehr gut zu kleben

[113]
Für die Darstellung filigraner Konstruktionen werden Metallprofile verwendet: Messing, Edelstahl, Aluminium.
[114]
Metallbleche mit hohem Glanzgrad
[115]
Lochblech aus Aluminium
[116]
Lochblech aus Stahl

Metalle

Zwei Aspekte sprechen für den Einsatz von metallischen Werkstoffen: Zum einen lassen sich äußerst dünne und filigrane Bauteile herstellen und zum anderen kann die Präsenz von Metallen im Kontext anderer Oberflächen die Aussage des Modells inhaltlich stützen. Oftmals verwendet man ein bestimmtes Metall, weil genau dieses Metall in der Wirklichkeit zur Anwendung kommen soll. Die Substitution von Metall durch andere Werkstoffe ist kaum möglich; nur ein Metall wirkt wie ein Metall.

[113]

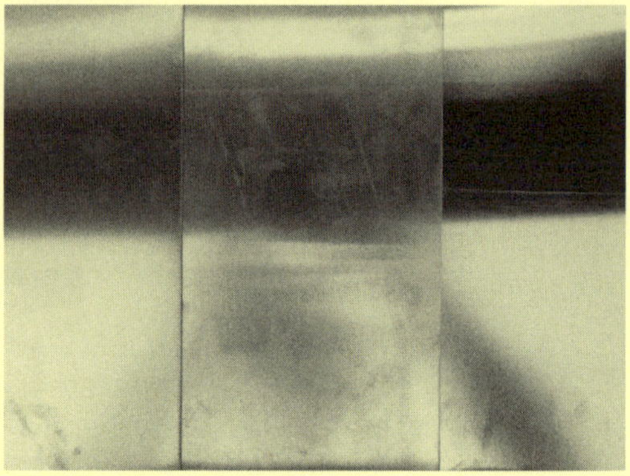
[114]

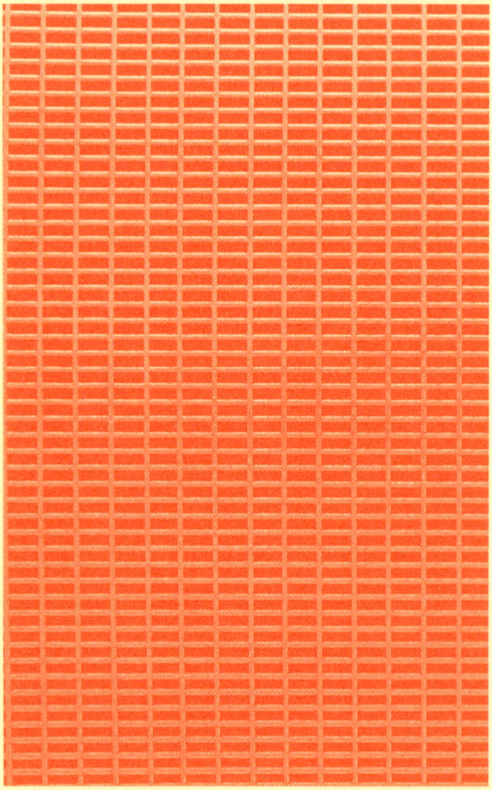
[115]

[116]

Metalle

Metall	Eigenschaft	Verwendung	Verarbeitung
Aluminium	• Silberweiße Farbe • Luft- und wasserbeständig aufgrund undurchsichtiger, dichter Oxidschicht • Nicht magnetisch	• Folien, Bleche, Lochbleche und Profile • Darstellung metallischer Bauteile, z. B. Mikro-Wellbleche	• Nicht lötbar • Verbindung mit Klebstoffen (Allesklebern) • Schneiden mit Blechschere oder Eisensäge
Eisen / Stahl	• Dunkle, silberne Farbe • Zersetzung durch Zusammenwirken von Feuchtigkeit und Sauerstoff • Bildung von rotbraunem Rost • Magnetisch	• Bleche, Lochbleche, Stäbe und Profile • Darstellung metallischer Oberflächen • Profile können für Tragwerksmodelle (Träger und Stützen) eingesetzt werden.	• Löt- und schweißbar oder mit Allesklebern zu kleben • Verwendung von Werkstoffen mit Korrosionsschutz (z. B. verzinkt) oder nachträgliche Beschichtung oder Lackierung • Schneiden mit Blechschere oder Eisensäge
Edelstahl	• Silbergraue Farbe • Glatte, feine Oberfläche • Materialveredelung verhindert das Rosten des Materials. • Nicht magnetisch	• Bleche und Profile • Einsetzbar in feuchteempfindlichen Bereichen (z. B. Außenbereich)	• Verbindung mit Klebstoffen (Allesklebern) • Schneiden mit Blechschere oder Eisensäge
Kupfer	• Einziges rotes Metall, oxidiert an der Luft rot, später grün	• Bleche und Profile • Für die Darstellung von Kupfer im Modell	• Lötbar und gut zu verkleben • Je nach Materialstärke kann es mit Metallwerkzeugen bearbeitet werden.
Messing	• Metalllegierung aus Kupfer und Zink • Je nach Kupferanteil rot bis hellrot. Mit hohem Zinkanteil erhält man eine goldähnliche Farbe.	• Bleche und Profile • Darstellung von glänzenden (goldenen) Oberflächen • Profile können für Tragwerksmodelle (Träger und Stützen) eingesetzt werden.	• Lötbar und gut zu verkleben • Je nach Materialstärke kann es mit Metallwerkzeugen bearbeitet werden.

Kunststoffe

Eine Vielzahl von Kunststoffen findet im Modellbau Verwendung. Zum Einsatz kommen sie vor allem bei Darstellungen, die eine hohe Präzision und Detailgenauigkeit – nahe der Perfektion – bedürfen. Gleichzeitig sind Kunststoffe günstig, stabil und leichgewichtig. Polystyrol (PS) und Acrylglas (Plexiglas) sind die am häufigsten verbauten Werkstoffe dieser Gattung.

Kunststoffe

Kunststoffe	Eigenschaft	Verwendung	Verarbeitung
Polystyrol (PS)	• Schlagfest und hart • Matte weiße Oberfläche • Nicht UV-beständig • Stärken: 0,3–5,0 mm	• Universell auf allen Gebieten des Modellbaus	• Sehr gut zu schneiden mit Cutter • Oberfläche gut schleifbar • Gut zu fräsen und mit sich selbst zu verkleben • Sehr gut zu lackieren oder zu streichen
PS-Hartschaum	• Extrudierter Polystyrol-Hartschaum • Dichter, fester Schaum • Blockmaterial in verschiedenen Stärken und Farben	• Optimal für Körper und Volumen, vor allem bei Städtebaumodellen für die Bebauung	• Mit der Thermosäge präzise zu schneiden • Nur mit dafür geeigneten Klebstoffen zu verkleben (Wird sonst angelöst, „angefressen“)
Polypropylen (PP)	• Wärmebeständiger, zäher und reißfester Kunststoff • Transparente oder opake Folie • Kratzunempfindliche Oberfläche • UV-beständig • Stärken: 0,5–1,2 mm	• Als transluzente Folie kann es hervorragend zur Darstellung von matten Glasoberflächen oder für die Gestaltung von Lichtobjekten verwendet werden.	• Sehr gut zu schneiden mit Cutter • Es ist beliebig oft zu knicken, falten, nuten, falzen, prägen oder stanzen. • Praktisch nicht klebbar!
Polyvinylchlorid (PVC)	• Je nach Art der Herstellung transparent oder opak • Verschiedene Materialstärken	• Transparente Folien eignen sich für die Darstellung von Glas im Modell. Als dünnwandige Folie auf vielen Gebieten einsetzbar	• Sehr gut zu schneiden mit Cutter • Man kann es bohren, fräsen oder drehen. • PVC-Flächen lassen sich mit gängigen Kunststoffklebern oder Kontaktklebern zusammenkleben.
Polycarbonat (PC)	• Hohe Festigkeit • Schlagzäher Kunststoff • Witterungsbeständig • Feine Oberfläche • Transparente oder milchige Folien	• Transparente Folien eignen sich für die Darstellung von Glas im Modell. Als dünnwandige Folie auf vielen Gebieten einsetzbar	• Sehr gut zu schneiden mit Cutter • Stärkere Platten können angeritzt und gebrochen werden • PC-Flächen können mit Lösungsmitteln oder Kontaktkleber verklebt werden.
Acrylglas (PMMA)	• „Plexiglas“ • Hohe Transparenz und Brillanz, sehr gute optische Eigenschaft, ähnlich wie Glas • Witterungsbeständiger Kunststoff, in transparenter, milchiger oder opaker Form	• Als transparenter Werkstoff für die Darstellung von Glas oder Wasser	• Dünne Folien sind gut mit dem Cutter zu schneiden. • Stärkeres Material wird gebrochen oder gesägt. • Sehr gut mit Lösungsmitteln, Kontaktklebern oder speziellen Acrylglasklebern zu verkleben

Modellier- und Gießmassen

Architektur wird im Modell oft unter plastischen – fast bildhauerischen – Gesichtspunkten dargestellt. Sobald der körperhafte Ausdruck im Mittelpunkt der Wahrnehmung steht, greift man auf modellierbare Werkstoffe zurück – nichts bringt die Plastizität des Entwurfs besser zum Ausdruck.

Besonders ein Material hat hierbei eine sehr lange Tradition und gilt neben Holz als das älteste Modellbaumaterial überhaupt: Gips. Man fertigte verkleinerte Replikate oder Kopien von ornamentaler Bauplastik aus Gips an. Reine Gipsmodelle, die vollständig aus einem Guss angefertigt werden, haben heutzutage Seltenheitswert. Dies liegt nicht zuletzt am Herstellungsverfahren dieser Modelle. Um Gips zu gießen, bedarf es einer exakten Negativform. Bei Architekturwettbewerben werden Einsatzgrundplatten mit Bestandsbebauung nach wie vor auf diese Weise hergestellt. So kann mit einer Negativform das Modell ganz einfach vervielfältigt werden – der große Vorteil dieser Methode. Um das physische Gewicht des Gipsobjekts zu reduzieren, kann der Körper innen hohl gebaut oder eine leichtere Füllung verwendet werden, beispielsweise Ton, Drahtgewebe oder Hartschäume. Ähnlich wie reine Holzmodelle bilden reine Gipsmodelle eine eigene Kategorie innerhalb der Architekturmodelle.

Seife (Glycerin) und Wachs sind weitere gießfähige Werkstoffe, die auch im Modellbau vorkommen. Beide werden durch Erhitzen flüssig, lassen sich in Formen gießen und härten an der Luft wieder aus. Mit Seife – milchig-transparent in fester Form – lässt sich sehr atmosphärisch Wasser darstellen.

Es wurde bereits erwähnt, dass Modelle gerne aus demselben Material hergestellt werden wie das spätere Gebäude. Der bei Architekten oft verwendete Beton in Sichtqualität ist so ein Anwendungsfall. Sichtbeton – in der Rezeptur modifiziert beziehungsweise in der Feinheit der Zuschlagsstoffe um den jeweiligen Maßstab des Modells angepasst – wird hier genauso verarbeitet wie auf der richtigen Baustelle: Bau der Schalung, Ölen der Oberflächen und schließlich Gießen des Betons. Manchmal erfordert die Geometrie des Modells sogar eine Bewehrung. Das Modell kommt der Realität damit sehr nahe!

[117]
Gips: modellierte Berglandschaft, 1:1 000

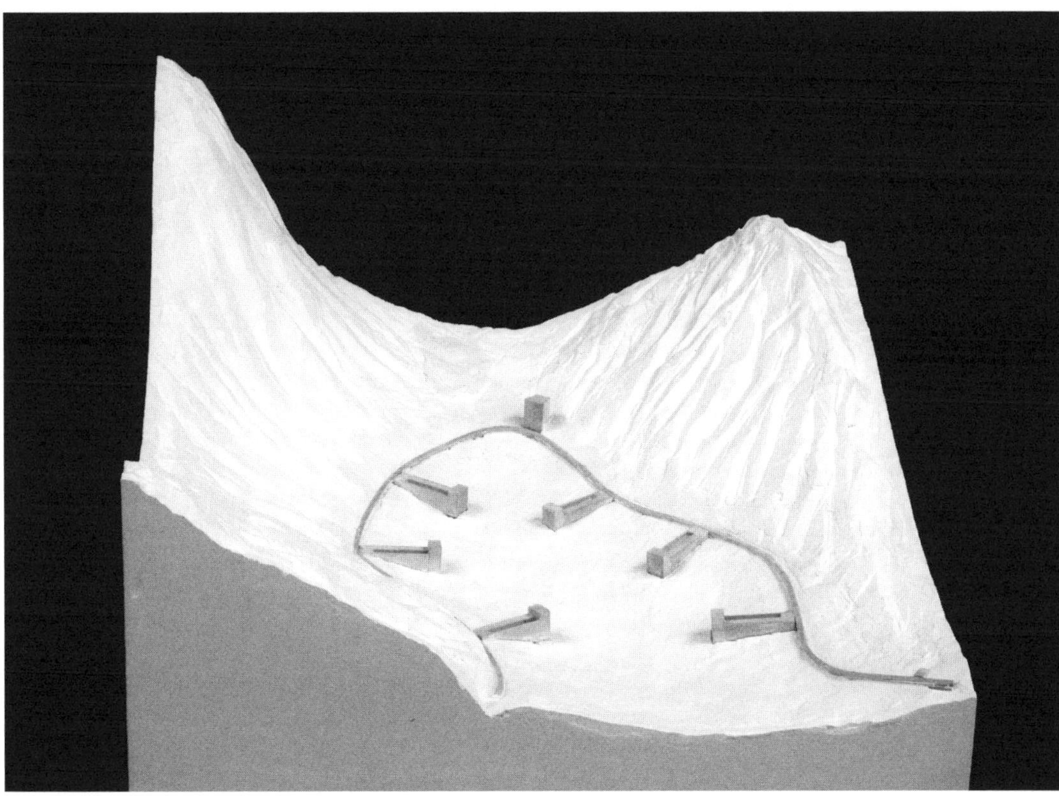

[117]

[118]

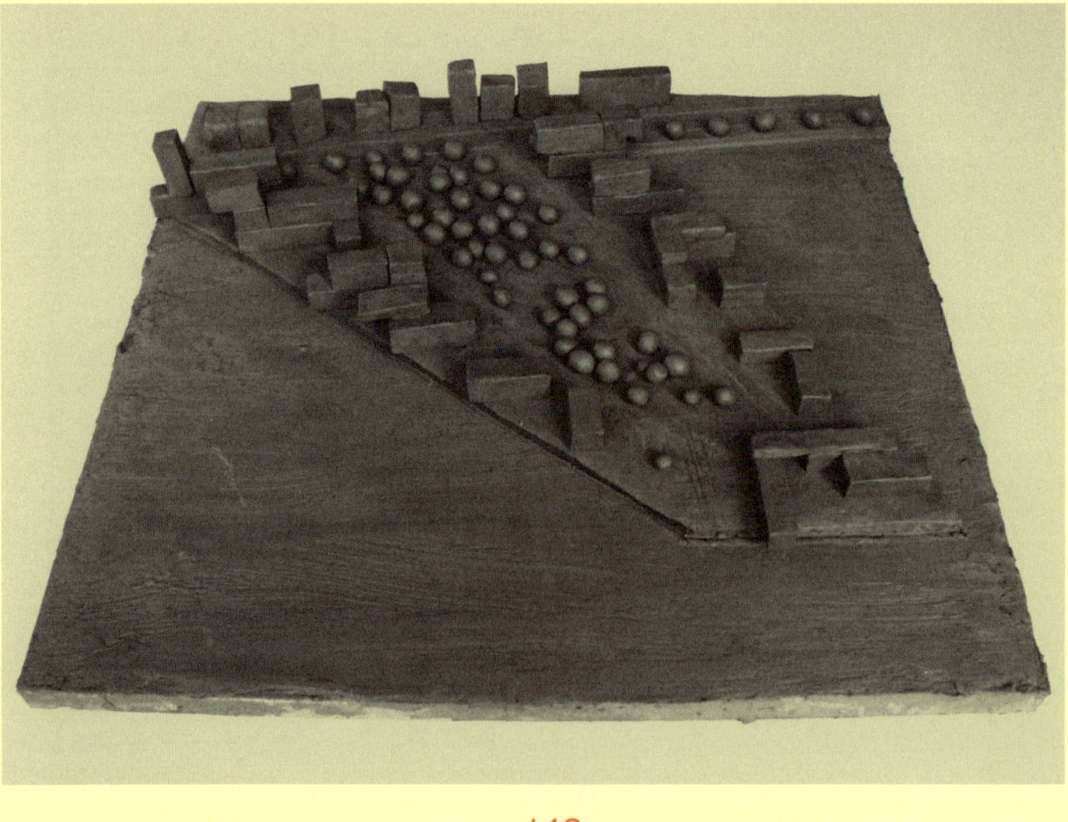

[119]

[120]

[121]

[122]

(Bau-)Körper kann man gießen oder formen. Formbare Stoffe wie Ton und Plastilin ermöglichen eine wirklich plastische Herangehensweise an die architektonische Gestalt, deswegen findet diese Methode meist schon in der experimentellen Phase des Entwurfs Anwendung. Ton, ein natürlicher Rohstoff und einer der ältesten Grundstoffe der Bauindustrie, ist ein haptisches Erlebnis für den Verarbeiter. Die geformte Masse trocknet an der Luft aus und wird unter Zugabe von Feuchtigkeit wieder geschmeidig. Sobald man sie in den Brennofen gibt, entsteht Keramik.

Plastilin, bei Raumtemperatur relativ fest und in den Konturen und Oberflächen formstabil, ist einfach in der Bearbeitung, da es bei Wärme formbar wird. Es trägt damit besonders dem experimentellen Ansatz Rechnung, da der Modellkörper additiv und subtraktiv verändert werden kann, während die Masse homogen bleibt.

[118]
Gips, farbig eingefärbt, Glycerinseife zur Darstellung von Wasser, 1:20

[119]
Plastilin ist der Klassiker unter den Modelliermassen im Architekturmodellbau.

[120]
Beton, gegossenes Gebäudemodell – in Kombination mit aus Porenbetonstein herausgemeißelter Landschaft

[121]
Ton, Raummodell, 1:20

[122]
Im Modell erfährt man im Kleinen, wie aus dem Fügen einzelner Teile das Ganze entsteht.

Modelle bauen

Ein Architekturmodell zu bauen ist jedes Mal eine besondere Erfahrung. Nicht nur das Ergebnis, sondern der gesamte Prozess des Bauens ermöglicht wichtige Erkenntnisse. Wie läuft dieser Prozess ab, wie funktioniert die Arbeit auf der „Modellbaustelle“?

Der Architekt, der vielleicht auch Modellbau-„Handwerker“ in Personalunion ist, arbeitet nach Plänen. Schritt für Schritt entsteht aus der Planung en miniature ein Haus en miniature.

Wo entstehen Architekturmodelle?

Architekturmodelle entstehen an vielen verschiedenen Orten. An den Hochschulen und Universitäten begleiten sie die Studierenden während des gesamten Studiums; gebaut wird im Zeichensaal oder in den Modellbauwerkstätten. In den Architekturbüros ist der praktische Umgang mit dem Thema Modellbau differenzierter. Manche Büros arbeiten nicht oder wenig mit Modellen, sodass diese nicht zum Inventar gehören und zur Arbeitsatmosphäre beitragen. Große Büros hingegen verfügen oft über einen speziellen Platz für den Modellbau oder sogar eine eigene Werkstatt, wobei Studenten ihre Arbeitskraft für den Modellbau zur Verfügung stellen. Daneben gibt es noch die professionelle Branche der freiberuflichen Architekturmodellbauer, die oft dort in hoher Dichte vertreten sind, wo auch die potentiellen Auftraggeber – die großen und kleinen Architekturbüros – angesiedelt sind. Architekturmodellbauer haben oft eine Schreinerausbildung absolviert oder verfügen über eine andere Vorbildung im kreativen Bereich. Es gibt aber auch Architekten, die sich nach dem Studium nur noch darauf konzentrieren, Häuser in kleinerem Maßstab zu fertigen – wahrscheinlich der überschaubarere Weg zum Modellbauberuf.

Architekturfakultäten, Architekturbüros, Modellbauateliers – an all diesen Orten findet man sie, die „Baustellen“ für kleine Architekturen.

Wie entstehen Architekturmodelle?

Das Modellbauen läuft meistens nach einem ähnlichen Schema ab. Zunächst müssen die Baupläne vorliegen, denn auch dem Modell geht eine Planung voraus. Diese Zeichnungen liegen später auf der Werkbank oder sie bilden die digitalen Daten, mit denen Maschinen gefüttert werden. Vorteilhaft ist es, wenn das Modell denselben Maßstab aufweist wie die Planzeichnungen, ansonsten wird umgerechnet. Wenn ein Modell gänzlich von Hand, also ohne den Einsatz von Maschinen gebaut wird, dann verwendet man die Pläne wie Schablonen, nach denen man dann die Einzelteile produziert. Die Fassade beispielsweise wird auf den Werkstoff gelegt und wie beim Durchpausen mit dem Pausrad mit dem Schneidemesser nachgezogen. Nachfolgend sind die chronologischen Abläufe in der Modellbauwerkstatt zusammengestellt:

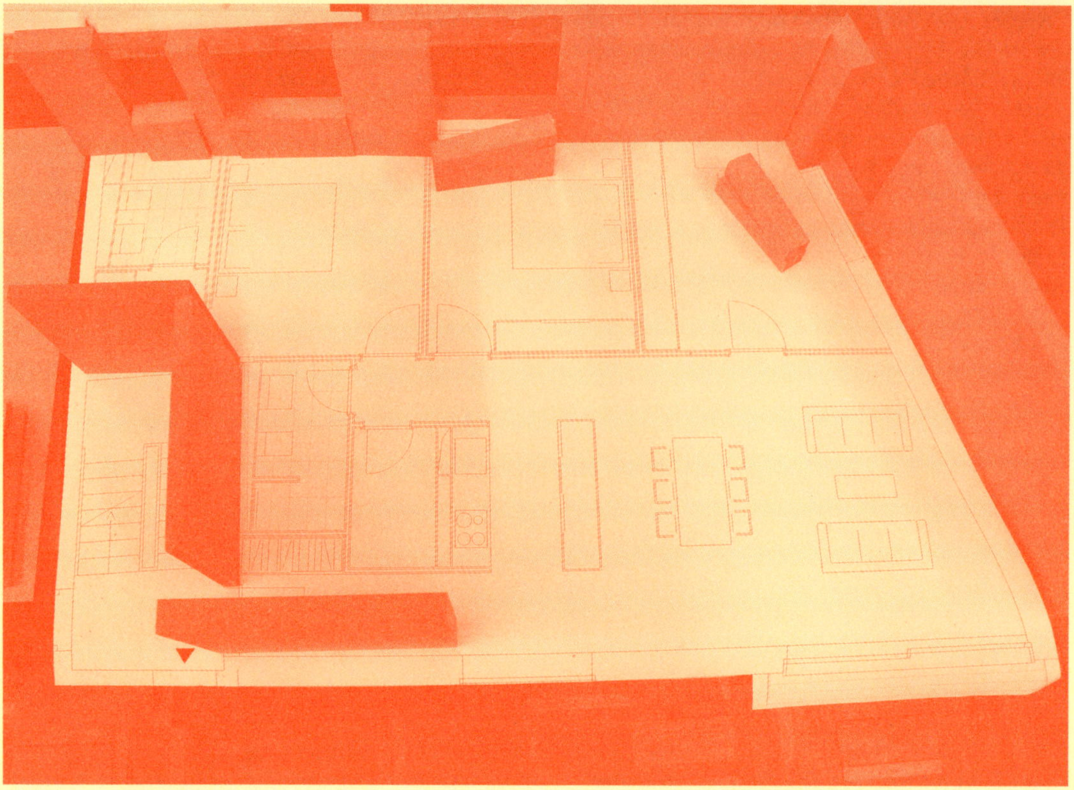

[123]

[124]

Arbeitsschritte beim Modellbauen (exemplarisch am Typ des Gebäudemodells)

Der architektonische Entwurf / Konzept

Werkstattzeichnungen für die Modellbaustelle
Gestaltungskonzept des Modells

Herstellen der Grundplatte
Anfertigen der einzelnen Teile des Modells (Außen- und Innenwände, Decken, Dachteile)

Übertragen des Grundrisses auf die Grundplatte, Markieren der Fixpunkte

„Rohbau" → Zusammenfügen der Teile auf der Grundplatte oder separat

Vorbereiten und Einbau filigraner Details

Einfügen der Staffage als maßstabsgebende Zusätze
Bäume, Figuren, Fahrzeuge, weitere spezifische Details

Farbe / Farbbeschichtung
Vollständiges Sprühen des Modells mit Lack

Fertigstellung
Beschriftung / Modellfotos / Verpackung

[125]

Grundlage ist die Grundplatte

Ein großer Unterschied zwischen Modellbau und realem Bauen besteht darin, dass bei letzterem das Gelände, auf dem das geplante Gebäude errichtet wird, schon vorhanden ist, bestenfalls nur noch hergerichtet werden muss. Im Modell muss diese Grundlage selbst ermittelt und vor allem hergestellt werden. Studierende nehmen es meistens mit Erleichterung zur Kenntnis, wenn das Umgebungsmodell einer ebenen Landschaft herzustellen ist – dann ist man rasch fertig: Die Grundplatte – ein stabiles Brett im einfachsten Fall – entspricht dem Gelände. Jetzt noch die Konturen des Grundstücks darauf abstecken und dann ist schon das Gebäude selbst an der Reihe. Viel aufwändiger und anspruchsvoller verhält es sich mit einem abfallenden Geländeverlauf. Aus der Grundplatte entsteht etwas Körperhaftes, das die Topografie nachbildet. Nicht selten ist die Herstellung der Umgebung in diesem Fall zeitintensiver und verbraucht mehr Material als das eigentliche Bauobjekt. Meist bauen die topografischen Schichten auf der Platte auf, sodass letztlich in der Ansicht von der Platte nur noch die vier Stirnseiten übrig bleiben, alles andere ist mit Material eingepackt oder zur Unsichtbarkeit

[123]
Modellbaustelle: Das Modell entsteht nach einem eigenen Bauplan.
[124]
Analog zur Wirklichkeit spielt jedes Detail eine Rolle beim Fügen und Konstruieren.
[125]
Aus der Zeichnung des Grundrisses entwickelt sich räumlich die dritte Dimension.
[126]
Um das Modell in seiner Präsenz und Wirkung zu überhöhen, eignet sich eine zu einer Art Sockel herausgebildete Grundplatte.
[127]
Architekturmodelle im unebenen Gelände werden Schicht für Schicht gefügt, um Material zu sparen, meist kulissenhaft mit Hohlräumen. 1:200, Graupappe
[128]
Im Detail erkennt man, dass die abstrakte Übersetzung des natürlichen Geländes in ebene Schichten die Vorstellungskraft des Betrachters (heraus)fordert. 1:200, Graupappe

[127]

[127]

[128]

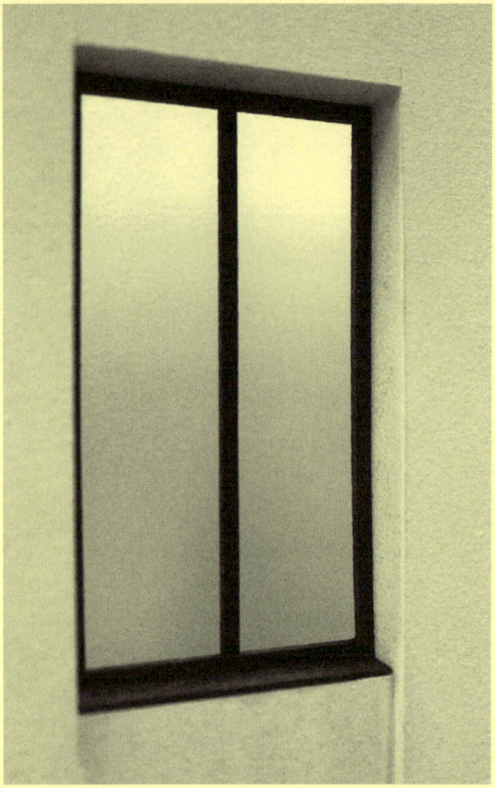

[129]

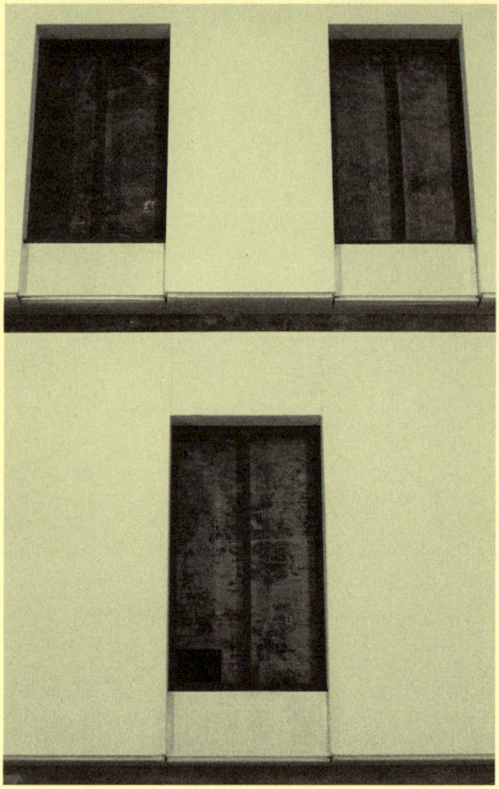

[130]

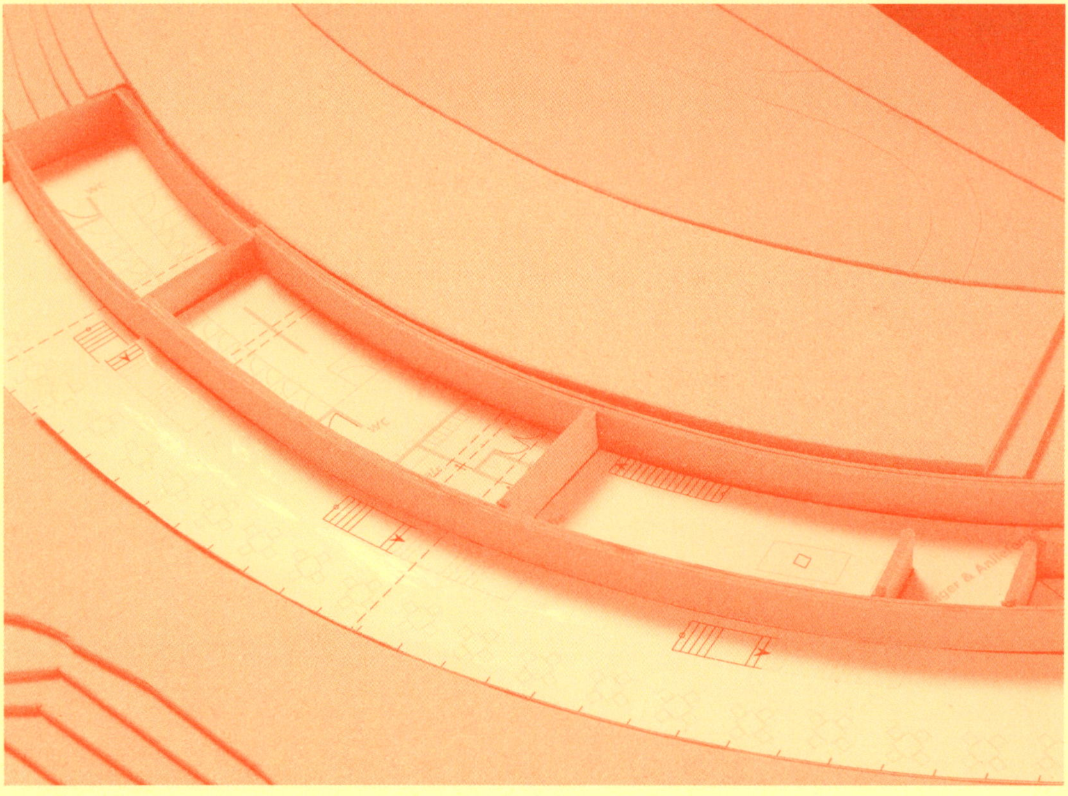

[131]

[129/130]
Jedes Architekturmodell wird in seinem Herstellungsprozess Prototyp eines „Baukastens", aus dessen Teilen letztlich das Gebäude zusammengefügt ist.

[131]
Bei der Herstellung von Geländemodellen ist es unabdingbar, die „Baugrube" des Gebäudes bereits beim additiven Aufbau zu berücksichtigen.
1:200, Graupappe

kaschiert. Entlehnt aus dem Möbelbau finden sich viele Varianten, wie die Kante gestaltet werden kann, etwa mit dem übrigen Material so umleimt, dass die Platte verschwindet. Alternativ kann diese Trägerplatte wie ein Tablett als eigenständiges Element des Modells präsentiert werden.

Das Format der Grundplatte steht im direkten Zusammenhang mit der Position und Fläche, die das Gebäude später besetzt. Je größer die Platte, desto mehr Kontext beziehungsweise Umgebung wird berücksichtigt. Mit der Frage nach Verhältnis und Proportion setzt man sich automatisch mit der Gestaltung des Entwurfs auseinander: Ein Haus mit quadratischer Grundfläche wird auf eine quadratische Platte gestellt. Neben dem Quadrat vermittelt ein Rechteck im goldenen Schnitt oder im Verhältnis 1:2 ein in sich angenehmes Verhältnis der Seiten zueinander. Steht allerdings das Gebäude als Solitär für sich, dann empfiehlt sich dagegen, die Grundfläche der Platte mit der des Gebäudes deckungsgleich zu gestalten. Die Umgebung wird bewusst ausgeblendet oder in einem weiteren stadträumlichen Modell näher erklärt. Je nach Maßstab wird der Ausschnitt festgelegt, der im Modell abgebildet wird. Auch hier hilft die Frage nach dem umgebenden Kontext, in den man die Information einbetten möchte.

Für Grundplatten kommen viele Arten von Plattenwerkstoffen zur Verwendung. Meistens werden Holzwerkstoffplatten wie die mitteldichte Faserplatte (MDF) oder Sperrholztafeln eingesetzt. Doch auch andere formstabile Platten wie Sandwichplatten oder Wellpappen sind (je nach Format) geeignet.

Herstellung der Einzelteile

So wie der Zimmermann in seinem Betrieb den Abbund der Teile durchführt und auf der Baustelle später alles aufschlägt und zusammensetzt, so arbeitet auch der Modellbauer. Ein Bausatz aus Wänden, Decken, Stützen, Dachelementen, Fenstern, Türen und allen anderen Bauteilen wird spezifisch für ein Modell produziert und zum großen Ganzen zusammengefügt.

Der Übertrag der gezeichneten Information auf das Material kann nach analoger Methode erfolgen: Mit Pausrad oder -nadel werden die Eckpunkte aller gezeichneten Linien durchgedrückt, mit dem Bleistift dünn nachgezeichnet und Werkstück für Werkstück ausgeschnitten. Eine Art Kombination von digitalem Konstruieren und analogem Ausschneiden besteht bei folgendem Trick, mit dem man sich behelfen kann: Einfach den Ausdruck der CAD-Zeichnung mit Klebeband auf dem Material fixieren und mit einem scharfen Messer die Linien nachschneiden, so spart man sich den Aufwand des Übertrags und vermeidet Fehler. Die moderne Variante sind die digitalen Maschinen – CNC-Fräse oder Lasercutter –, die die Bauteile in rasanter Geschwindigkeit präzise aus dem Werkstoff herauslösen.

Zwischendurch sollten die einzelnen Teile immer wieder auf ihre Maße hin kontrolliert werden, um sicherzugehen, dass kein Planungsfehler passiert ist.

Interessant ist die Auseinandersetzung mit der Ecke, die sich zwangsläufig ergibt, wenn man zwei Wandteile rechtwinklig zueinander fügen möchte. Am einfachsten ist der stumpfe Stoß, dadurch bleibt später jedoch eine Schnittkante sichtbar. Eleganter ist die Herstellung der Kante auf Gehrung (Winkel 45°), wodurch die Ecke gleichwertig zu beiden Seiten ausgebildet wird.

Bei Fassadenteilen reduziert man im Sinne der Abstraktion die gestalterischen Komponenten oft auf das einfache Relief aus Öffnungen und deren Tiefenwirkung in der Ebene. Auf das Modell umgesetzt bedeutet dies, dass man das Werkstück aus zwei Schichten herstellt: Aus der vorderen Schicht werden alle Löcher geschnitten, vollflächig wird aus demselben Material eine zweite Schicht dahinter geklebt.

Herstellung des Geländes

Neben den Bauteilen für das eigentliche Bauwerk müssen auch die Teile für das Gelände vorgefertigt sein. Es hat sich bewährt, die topografischen Höhen in theoretische Schichten zu zerlegen und aus dem Modellbaumaterial aufzubauen. Auch diese Schichten werden – analog oder digital – direkt vom Umgebungsplan auf den Werkstoff übertragen und ausgeschnitten. Dabei markiert man sich am

[132]

[133]

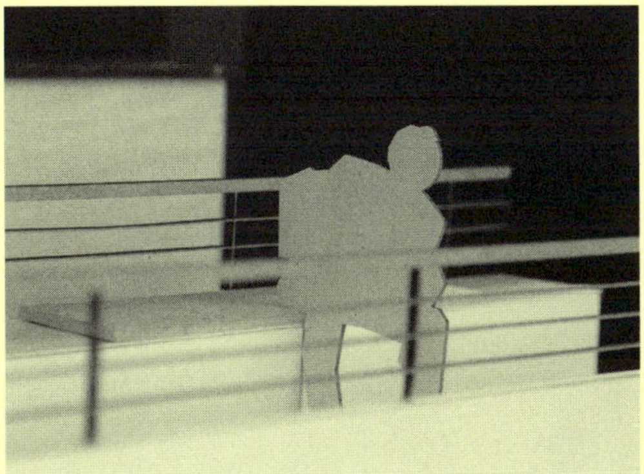

[134]

[135]

[132]
Figuren aus Kunststoff in verschiedenen Maßstäben und Bewegungen bevölkern den architektonischen Raum. 1:100

[133]
Abstrakter wirkt der Mensch in der Silhouette, wahrnehmbar erst auf den zweiten Blick. 1:100

[134]
Menschen und alltägliche Dinge (Staffagen) erklären und unterstützen die Botschaft eines Architekturmodells. 1:50

[135]
Kleinste Fahrzeugmodelle vermitteln eindrücklich den Maßstab der Architektur. 1:500

besten die richtige Reihenfolge der Schichten, so stellt man sicher, dass später beim Kleben alles stimmt. Um Material zu sparen, kann man beim Geländeaufbau das Innere, beispielsweise eines Hügels, mit einem günstigen Ersatzmaterial (PS-Hartschaum) herstellen oder einfach hohl lassen.

Schon bei den Einzelteilen ist es sinnfällig, spätere Details gleich einzufügen. Beim Gelände kann man die Verläufe und Kanten von Straßen bereits mit dem Messer einritzen oder mit dem Lasercutter gravieren.

Zusammenfügen

Nachdem alle Teile gefertigt sind, werden diese Stück für Stück nach einem zuvor geplanten Bauablauf zusammengesetzt. Es gilt nun festzulegen, ob alle Teile fest und unveränderbar miteinander verklebt werden oder ob man sich bewusst Flexibilität erhalten möchte, indem einige wesentliche Teile lose und trotzdem fixiert angefügt werden. Dies hat den großen Vorteil, dass das Innere sichtbar wird. Auch bleibt das Modell modifizierbar, wenn man bestimmte Bauteile (Fassaden beispielsweise) lose und austauschbar einsetzt; so können die verschiedenen Varianten am Modell überprüft werden.

Bei Städtebaumodellen ist das Vorgehen im Prinzip ähnlich: Die Topografie der Stadt wird als feste Grundplatte hergestellt und die einzelnen Gebäude – sofern diese Flexibilität gewünscht ist – mit Steckverbindungen oder einem doppelseitigen Klebeband nicht dauerhaft befestigt. Handelt es sich um ein Umgebungsmodell, das für mehrere Entwurfsbearbeiter als gemeinsames Grundelement zur Verfügung steht, lässt man das Planungsgebiet im Gelände als lose und austauschbare Intarsie in die Fläche ein.

Staffagen

Selbst Architekten fällt es nicht immer leicht, die Größe eines Bauwerks auf einer Abbildung oder einem Plan präzise ins Verhältnis zur tatsächlichen Größe zu bringen. Auch Bauherren, die das erste Mal den Rohbau ihres Gebäudes betreten, sprechen oft davon, dass sie sich den Raum in der Größe anders vorgestellt haben als er in Wirklichkeit ist.

Modelle verkleinern die Wirklichkeit und der Mensch benötigt Anhaltspunkte, anhand derer er von dem Verhältnis zwischen Modellwelt und realer Welt eine Vorstellung gewinnen kann. Diese Anhaltspunkte nennt man Staffagen.

Um die Zuordnung zur Wirklichkeit zu ermöglichen, werden im Modell als Statisten verschiedene Objekte eingesetzt, die jedem Betrachter bekannt und vertraut sind und deren reale Größe gut vorstellbar ist. Mit dieser Information wird in der Folge der Maßstab, in dem sich das Modell befindet, auch verständlich und lesbar: die Größe eines Eingangs, eines Fensters oder die Maßhaltigkeit der architektonischen Details.

[136]

[137]

[138]

Der verkleinerte Mensch

Welche Bedeutung kommt dem Statisten zu? Wenngleich er für den Entwurf und seine Gestaltung weder eine Haupt- noch eine Nebenrolle spielt, ist er doch im Gesamtgefüge notwendig, um das Bild zu komplettieren. Figuren, das verkleinerte Abbild des Menschen, stärken die Vorstellungskraft des Betrachtenden ungemein, denn jeder Mensch hat eine Vorstellung von der eigenen Körpergröße und kann diese ins Modell übersetzen.

Figuren sind als Spritzgussobjekte für alle Maßstäbe erhältlich und bilden den Menschen in verschiedenen Positionen ab. Abstrakter ist die Darstellung des Menschen als Silhouette oder im Maßstab 1:200: Senkrecht aufgeklebte Reiskörner können hier als Interpretation des menschlichen Körpers dienen.

Bei der Positionierung der Figuren im Modell sollte man nichts dem Zufall überlassen: Man setzt die Figuren an die wichtigsten Orte im Modellraum (zum Beispiel den Eingang), um die Attraktivität der eigenen Planung noch mehr hervorzuheben.

Gegenstände des Alltags

Je nach Entwurfsaufgabe stellt die „Möblierung" mit charakteristischen Objekten den besten maßstabsgebenden Hinweis für die Wahrnehmung dar. Eine Garage oder ein Straßenraum wird durch kleine Modellfahrzeuge sofort in die Realität übersetzt. Ebenso kommt das Modell eines Flughafens nicht ohne Flugzeuge oder ein Kreuzfahrtterminal nicht ohne Schiffe aus. Bei Innenraummodellen im Maß-

[136]
Möbel – maßstäblich und zurückhaltend positioniert – vermitteln gerade dem Laien eine präzisere Vorstellung des Raums. 1:20

[137]
Die Natur kann am Ort des Entwurfs prägend sein und sollte demzufolge in den Vordergrund rücken. 1:200, Islandmoos

[138]
Baumkronen aus Stahlwolle, Äste und Stämme aus gewickeltem Stahldraht. 1:200

[139]
Gerade bei der im Modell abstrahierten Interpretation des Baums werden viele Modellbauer kreativ: Baumkronen aus Seemoos, Stamm aus Holzstäben. 1:200

[140]
Bäume aus locker geschnittenem Schaumstoff, gestrichen, 1:200

[1431]
Bäume als Objet trouvé aus der Natur, getrocknetes Laub, 1:200

[142]
Weg vom Naturalismus: Bäume als gedrehter Draht, 1:200

[143]
Häufig verwendet: Bäume aus Schafgarbe, 1:200

[144]
Das verwendete Material und die Art der Verarbeitung bestimmen grundsätzlich das Modell.

[139]

[140]

[141]

[142]

[143]

[144]

stab 1:20 oder 1:10 werden Möbel, die der Nutzung entsprechen, verwendet, um die Raumwirkung zu erzeugen. Der Innenraum eines Restaurants etwa bedarf einer bestimmten Anordnung der Tische und Stühle zueinander. Wie später beim eigentlichen Wohnen versteht man viel besser, wie und ob der Schlafraum funktional ist, wenn das Bett an der richtigen Stelle steht.

Bäume und Pflanzen

Nicht nur bei Freiraum- und Landschaftsmodellen aller Maßstäbe ist es sinnvoll, Elemente der Natur, allen voran Bäume darzustellen. Kaum ein Modell kann auf diese atmosphärische Zutat verzichten, die zugleich suggestiv ist, denn die Größe der Bäume im Modell ist in der Realität oft erst nach mehreren Jahrzehnten erreicht.

Bei der Umsetzung von Bäumen und Pflanzen im Modell die richtige Form und die richtige Materialität zu wählen, ist mit einigen Schwierigkeiten verbunden. Kugeln, Stäbe oder zweckentfremdete Büschel aus Stahlwolle gehören zu der Strategie, sich an das natürliche Objekt abstrakt anzunähern; diese sollte mit der Gestaltung der übrigen Modellteile konform gehen. Ein anderer Weg ist die Verwendung von natürlichen und gewachsenen Materialien. Ein Baum wird dann auch mit einem Baum dargestellt, respektive mit einem filigranen Ast oder einer getrockneten feingliedrigen Pflanze, die sich – in Höhe und Umfang maßstäblich – dem realen Baum annähert. Abstrakt oder naturalistisch, in jedem Fall unterstützen Bäume und Pflanzen den Charakter eines Modells sowie den Eindruck, den es auf seine Betrachter macht.

Staffage oder Kitsch

Nicht jeder Modellbauer greift zwangsläufig auf Staffagen zurück, denn deren Einsatz verändert den Ausdruck des Modells; gegebenenfalls kann seine abstrakte oder plakative Wirkung gemindert werden. Die maßstabsgebenden Dinge stehen immer im Zusammenhang mit der Gestaltung des Modells selbst. Einerseits sind sie ein beliebtes und sinnfälliges Element in der Darstellung und können das Modell aufwerten. Andererseits sollte man nur dann Staffage einfügen, wenn sie eine inhaltliche Relevanz besitzt und nicht wie ein beiläufiges Ornament wirkt. Im schlimmsten Fall besteht die Gefahr, mit der Staffage genau das Gegenteil des Gewollten zu erreichen: die Aussagekraft des Modells wird geschwächt. Dies könnte etwa der Fall sein, wenn man die Fassadengestalt nicht erkennen kann, weil der Modellbauer sie mit Bäumen verstellt hat. Gerade die Darstellung von Bäumen sollte man nur verfolgen, wenn diese das räumliche Konzept in irgendeiner Form stützen, anderenfalls empfiehlt sich auch hier wieder: Weniger ist mehr!

Werkzeuge

Ohne Werkzeug kann nicht gebaut werden. Wie jedem Handwerker steht auch dem Modellbauer ein spezielles Werkzeug zur Verfügung. Im Studium wie im Architekturbüro genügt bereits ein handliches Sortiment, um auf dem Gebiet der Konzept- und Arbeitsmodelle schnell und effektiv bauen zu können. Mit steigendem Anspruch an die Qualität des Modells steigt auch die Anforderung an das Werkzeug.

Grundsortiment

Für viele angehende und praktizierende Architekten ist das Modellbauen wie ein Hobby, das Freude macht. Oft blühen Architekturstudenten zum ersten Mal richtig auf, wenn der Bleistift zur Seite gelegt wird und man stattdessen das Werkzeug in die Hand nimmt, wenn also das Sägen, Feilen, Bohren, Schneiden und Kleben an der Tagesordnung ist. Der Beruf des Architekten umfasst neben theoretischen auch praktische Aspekte, zu denen das Modellbauen gehört.

Mit welchem Handwerkszeug werden Architekturmodelle gebaut? Wie ist der Arbeitsplatz am sinnvollsten eingerichtet? Welche Methoden empfehlen sich im Studium und später in der Praxis? Neben der Zeichenausrüstung bedarf es einer Auswahl an wichtigen Utensilien, um einfache Werkstoffe gut bearbeiten zu können.

[145]
Pflanzen als Teil des architektonischen Konzepts, Trockenblumen, 1:20
[146]
Analoge Werkzeuge im Architekturmodellbau

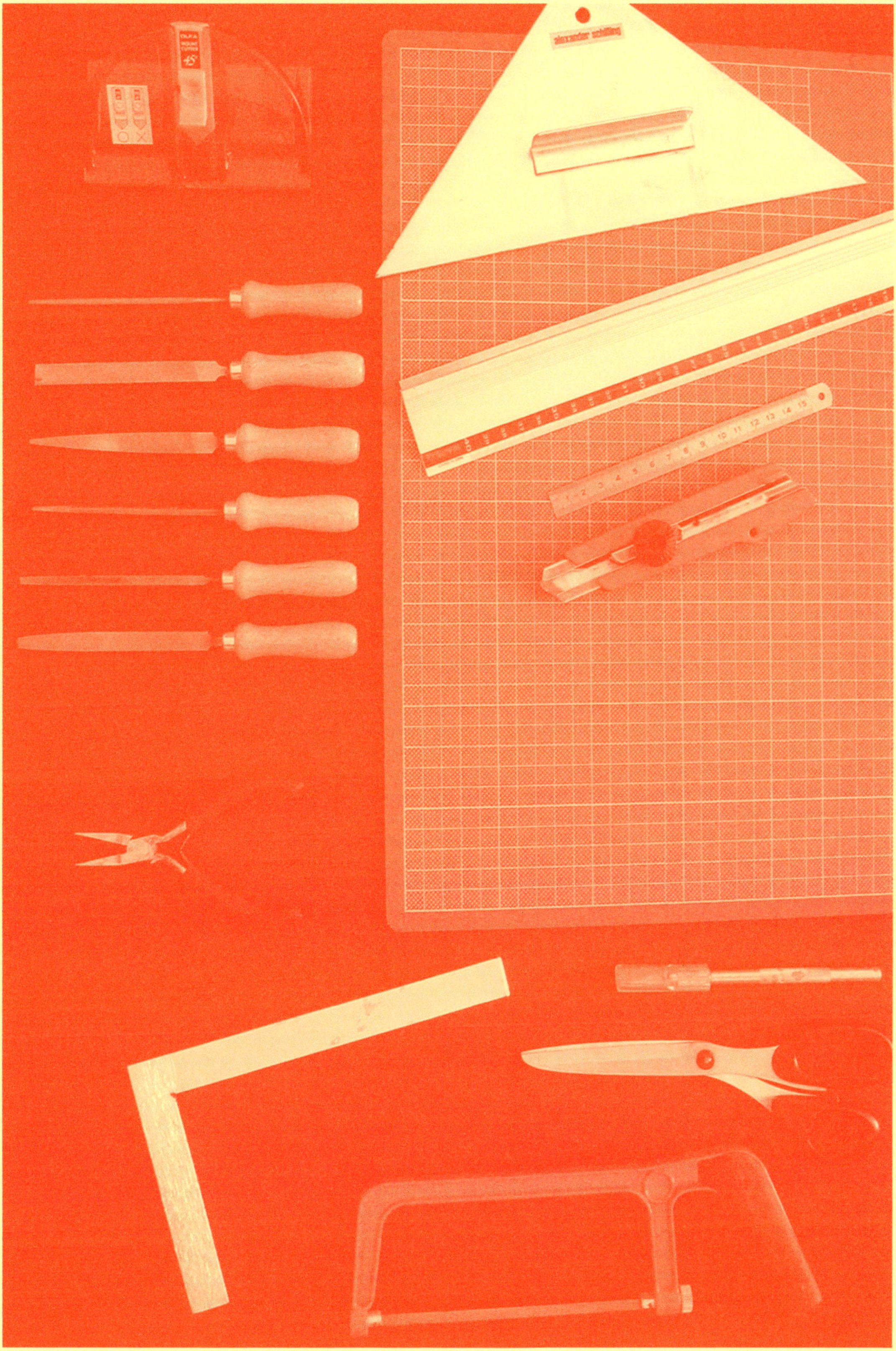

[146]

Welches Grundsortiment bildet den Werkzeugkasten des Modellbauers?

Anforderung	Geeignete Werkzeuge
Übertragen der Zeichnung auf den Werkstoff	• Pausrad • Aceton mit Baumwolllappen • Zirkel • Lineal und Geodreieck
Schneiden	• Schneidemesser (Cutter) • Schere • Schneidelineal (mit gehärteter Stahlkante) • Schneidematte
Kleben	• Holzleim (Weiß- oder Knochenleim) • Alleskleber
Sägen	• Handsäge, bestückt mit verschiedenen Sägeblättern für Hölzer, Metalle und Kunststoffe
Schleifen	• Schleifpapier (grob – mittel – fein) • Feilen
Messen	• Lineal • Architekten-Maßstab („Dreikant")
Farbig beschichten	• Acrylfarbe • Sprühlacke (matt oder glänzend) • Klarlacke • Öle

Arbeitsplatz

Als Arbeitsplatz genügt ein großer Tisch, ähnlich dem Zeichentisch. Wichtig ist, dass er stabil gebaut ist und auch bei schweren Modellen oder beim Umgang mit großen Maschinen standfest bleibt. Ein Staubsauger ist ungemein hilfreich, denn viele Arbeiten am Modell sind staub- und schmutzintensiv und damit die Partikel nicht das fertige Modell beeinträchtigen, sollte alles abgesaugt werden. Wenn mit Holz, Gips, Farben oder Lacken gearbeitet wird, entsteht viel Schmutz. In einer Modellwerkstatt macht es deswegen Sinn, die schmutzigen Tische von jenen Tischen zu trennen, an denen Papiere, Karton, filigrane Bauteile und vor allem transparente Kunststoffe, die äußerst staubempfindlich sind, verarbeitet werden. In jedem Fall sollten die Tischplatten mit einer sogenannten Schneidematte – als

Schutz- und Arbeitsuntergrund – belegt sein, auf der ein Cutter verwendet werden kann. Der Arbeitsplatz benötigt ferner eine blendfreie Kunstlichtbeleuchtung, damit man auch die feinen Details am Modell genau im Blick hat.

Schneiden

Das typische Vorgehen beim Arbeitsmodell stellt sich wie folgt dar: Sollen für ein einfaches Raummodell Wände und Decken aus grauer oder beiger Modellbaupappe geschnitten und zusammengefügt werden, bietet sich ein scharfes Schneidemesser (Cutter) nebst Schneidelineal an. Schnell, einfach und relativ präzise wird auf diese Weise eine Entwurfsidee auf das Modell übertragen. Der Cutter ist ein unersetzliches Werkzeug, das die Bearbeitung einer Vielzahl von Werkstoffen ermöglicht. Die Funktion des Cutters ist einfach, er ist günstig und in verschiedenen Ausführungen, mit spitzer und flacher Klinge beispielsweise, erhältlich. Unbedingt wird ein speziell für den Modellbau vorgesehenes Schneidemesser empfohlen; ein qualitativ hochwertiges Produkt ist dem günstigen Teppichmesser aus dem Baumarkt vorzuziehen. Die Schneideklinge soll fest und präzise im Griffstück geführt sein, damit sie beim Schneiden von stärkeren Pappen nicht wackelt. Bei dichteren Pappen muss der Schnitt mit mehr Kraftaufwand ausgeführt werden, weswegen jeder Modellbauer individuell herausfinden muss, welches Messer ihm am besten in der Hand liegt. So wie der Stift den Entwurfsgedanken direkt aufs Skizzierpapier bringt, so schneidet der Cutter die Idee quasi direkt aus dem Material.

Die Tücke des Objekts begleitet jeden Architekturstudenten: So einfach, wie der Cutter in der Handhabung ist, so einfach passiert es, dass man sich beim Schneiden verletzt. Je schärfer die Klinge, desto leichter schneidet der Cutter den Karton und zwangsläufig auch in die Haut. Vorsicht beim Schneiden und ein besonnener Umgang mit dem Schneidemesser ist nötig, um die Verletzungsgefahr zu reduzieren. Stress vor der Abgabe und Hektik beim Bauen führen dagegen oft zu kleinen Unfällen.

Außer dem Cutter, der das klassische und meistverwendete Schneidewerkzeug des Modellbauers darstellt, gibt es im Fachhandel auch besondere Varianten. Zweckentfremdet aus der Medizintechnik sind die Skalpelle, mit denen auch Grafiker und Modellbauer gerne arbeiten und die eine extrem schmale und scharfe Spitze haben. Bei feinsten Details, dem Ausschneiden kleinster Öffnungen aus einem Werkstück beispielsweise, helfen die Skalpelle.

Kleben

Das Kleben ist eine Wissenschaft für sich. Hier wird die Tücke des Verbindens sichtbar, denn der scheinbar einfache Vorgang ist facettenreich: Werkstoff A soll mit Werkstoff B dauerhaft und belastbar verbunden werden. Welcher Kleber ist speziell dafür geeignet? Man muss sich genau mit der Materie auseinandersetzen, damit nicht eine chemische Unverträglichkeit zwischen Lösungsmittel und Material auftritt und das Werkstück Schaden nimmt oder die Verbindung schlicht und ergreifend nicht funktioniert. Universell zu verwenden sind die Kleber, die diesen Namen auch verdient haben, die sogenannten Alleskleber. Sollte die Produktinformation keine Einschränkung liefern, verklebt man damit verschiedene Stoffe miteinander. Daneben ist meist der Weißleim bei allen Arten von Hölzern, Holzwerkstoffen und Pappen im Einsatz.

Die allermeisten Verbindungen im Architekturmodellbau leisten die Klebstoffe. Selten wird geschraubt, genagelt oder mit Steckverbindungen gearbeitet, um die Einzelteile zum Gesamtmodell zusammenzufügen. Dabei kommt es bei allen Klebern darauf an, dass er richtig eingesetzt wird. Fälschlicherweise wird häufig – im Verhältnis zur Größe der Kontaktflächen – zu viel Kleber aufgetragen. Setzt man die Klebstoffmenge im Modell einmal ins Verhältnis zum Mörtel, den der Maurer entsprechend auf einen Ziegelstein auftragen würde, so wäre der Stein unter all dem Mörtel kaum mehr sichtbar. Hier empfiehlt es sich, bewusst zu dosieren und so wenig Klebstoff wie möglich aufzutragen. Ein Trick der Modellbauer ist der Gang in die Apotheke, um sich eine handelsübliche Spritze mit der gröbsten Kanüle bestückt zu besorgen und damit den Kleber aufzutragen. Gerade bei empfindlichen Werkstoffen quillt der Klebstoff ansonsten über die eigentliche Verbindungsstelle hinaus und hinterlässt unsaubere Spuren.

Mit der Methode des Schneidens und Klebens können sehr gute Ergebnisse erzielt werden, darüber hinaus ist man unabhängig von Maschinen und dem Zugang zu einer Modellbauwerkstatt. Die Modelle sind einfach und erfüllen ihren Zweck. Die verwendeten Materialien sind dementsprechend günstig und unkompliziert zu beschaffen.

Klebstoffe und ihre Verwendungsmöglichkeiten

Anforderung	Eigenschaften	Verwendungsmöglichkeiten
Weißleim (Holzleim)	• Kunstharz-Kleber, meist lösemittelhaltig, transparent und zähflüssig • Kurze Trocknungszeiten, nach wenigen Minuten hohe Festigkeit • Leicht reizend für die Haut und Atemwege • Alterungsbeständig • Beim Auftrag bilden sich Fäden, die einen Fleck hinterlassen. • Teilweise nicht geeignet für PS-Hartschaum (löst sich auf)	Verkleben von vielen Werkstoffen miteinander und untereinander: • Pappen mit Kunststoffen • Hölzer mit Kunststoffen • Verschiedene Kunststoffe miteinander • Metalle, Glas, Textilien, Keramik, Porzellan, Kork, etc.
Weißleim (Holzleim)	• Knochenleim, natürliches Produkt auf Wasserbasis • Trocknet durch die Wasseraufnahme der flankierenden Werkstoffe • Weiße, zähe Konsistenz im flüssigen Zustand, trocknet milchig-trüb bis transparent aus • Relativ lange offene Zeit, in der die Teile noch beweglich und korrigierbar sind (Ausnahme der „Express-Leim“, der nach 3 bis 5 Minuten die Festigkeit erreicht)	• Optimal für alle Hölzer, Holzwerkstoffe, Kartone und Pappen • Zum punktuellen Verkleben • Zum Verbinden müssen die Teile fest zusammengepresst werden. • Flächige Verklebungen bei Holz sind mit einer Presse auszuführen, da sonst der hohe Wassergehalt im Leim die Fasern quellen lässt und sich Verwerfungen in der Fläche hervortun. • Ungeeignet für alle Materialien, die selbst keine Feuchtigkeit aus dem Klebstoff aufnehmen können (Metalle, Kunststoffe).
Kontaktkleber (z. B. „Pattex“)	• Kontaktkleber, lösemittelhaltig • Relativ lange offene Zeit; erst im Kontakt der Oberflächen kommt eine Verbindung zustande. • Klebeverbindung mit sich selbst; die Teile müssen einige Minuten mit dem aufgestrichenen Kleber ablüften, angetrocknet sein und dann drückt man diese zusammen. • Entscheidend für die Festigkeit ist der hohe Anpressdruck. • Verwendung nur in gut belüfteten Räumen	• Optimal zum vollflächigen Verkleben, beispielsweise bei Schichtenmodellen oder beim Aufdoppeln von Teilen. Beim Auftrag bilden sich Fäden, die einen Fleck hinterlassen. • Höherer Aufwand als vergleichbare Verfahren, da immer beide Klebeflächen deckungsgleich zueinander mit Kleber bestrichen werden. • Die Flächen wellen sich kaum, da wenig Feuchtigkeit im Kleber gebunden ist. • Verwendbar für Hölzer, Pappen, die meisten Kunststoffe, Metalle und Keramik

Klebstoffe und ihre Verwendungsmöglichkeiten

Anforderung	Eigenschaften	Verwendungsmöglichkeiten
Kunststoffkleber	• Dünnflüssige, wässrige Klebstoffe auf Lösemittelbasis • Einseitiger, dünner Klebeauftrag, aufgrund der Konsistenz verteil sich der Kleber wie ein Film über der Klebefläche. • Meist spezifisch für eine Gruppe von Kunststoffen • Das Prinzip beruht auf dem Anlösen der Oberfläche des jeweiligen Stoffes, sodass die Verbindung wie verschweißt ist. • Kurze offene Klebezeit • Reinigung der Klebeflächen notwendig (staub- und fettfrei)	• Verwendbar für viele thermoplastischen Kunststoffe wie Polystyrol, PVC oder auch PMMA (Acrylglas) • Ungeeignet für PE und PP • Die Verbindung mit Nicht-Kunststoffen ist bedingt möglich, jedoch sind Kunststoffkleber bei Kunststoffen untereinander die bessere Alternative zum Alleskleber.
Sekundenkleber	• Transparente und sehr schnell aushärtende Klebstoffe • Nicht tropfende, zähflüssige Konsistenz • Für schnelle und gleichzeitig dauerhafte Klebeverbindungen • Der Kontakt mit der Haut und vor allem den Augen ist gefährlich.	• Einsatz bei Klebefällen, die nicht fixiert werden können, weshalb eine schnelle Aushärtung der Verbindung wichtig ist. • Ähnlich dem Alleskleber für viele Werkstoffe mit- und untereinander verwendbar
Sprühkleber	• Farblose und UV-beständige Klebstoffe in der Sprühflasche • Transparent bis unsichtbar beim Auftrag • Kaum durchschlagend bei Papieren • Offene Zeit zur Korrektur • Einatmen vermeiden, deswegen im Freien einsetzen	• Optimal für alle flächigen Klebefälle und Kaschierungen, bei Schichten-modellen der einfachste Weg • Beim Aufziehen kann sich das Trägermaterial eventuell leicht verziehen; beim Kaschieren auf einer Tafel empfiehlt sich das Gegenkaschieren mit demselben Material auf der Gegenseite.

Klebstoffe und ihre Verwendungsmöglichkeiten

Anforderung	Eigenschaften	Verwendungsmöglichkeiten
Zweikomponentenkleber	Lösemittelfreie Kleber auf Epoxidharzbasis aus zwei Teilen: • Binder und Härter • Diese beiden Komponenten werden im richtigen Verhältnis erst kurz vor dem Einsatz zusammengemischt und müssen dann rasch verarbeitet werden. • Kurze offene Zeit, bis maximal fünf Minuten • Hohe und schnell erreichte Endfestigkeit • Extrem hohe Belastbarkeit	• Verwendung vor allem, um harte und feste Stoffe zu verbinden, wenn eine hohe Festigkeit gewünscht wird. Für die meisten Materialien verwendbar: • Holz, Metalle, Stein, Beton, Glas, Porzellan, Keramik, Gummi, Kunststoffe wie Hartschäume, jedoch nicht für PE, PP
Montagekleber	• Kleber aus Naturkautschuk und organischen Lösemitteln • Einseitiger Klebeauftrag als Montagemittel, vor allem im grafischen Bereich für Collagen • Elastische zähflüssige Masse, die im trockenen Zustand wieder ablösbar ist, auf den meisten Untergründen auch absolut rückstandsfrei • Bei beidseitigem Klebeauftrag ist die Verbindung dauerhafter.	• Optimal für experimentelle und collageartige Arbeiten und Arbeitsmodelle • Für die meisten Werkstoffe verwendbar
Lösungsmittel	• Lösungsmittel gehen mit den Untergründen durch chemische Reaktionen (Auflösen der Oberflächenstruktur) die Verbindung ein. • Durch den Anpressdruck verschweißen sich die Oberflächen, sodass eine homogene Verbindung der bisherigen Einzelteile zustande kommt. • Irreversible Verbindung Beispiel: • Dichlormethan (Methylenchlorid) • Alle organischen Lösungsmittel sind sehr gesundheitsschädlich!	Verwendbar bei Kunststoffverbindungen, vor allem: • Polystyrol, Acrylglas und Polycarbonate

Klebstoffe und ihre Verwendungsmöglichkeiten

Anforderung	Eigenschaften	Verwendungsmöglichkeiten
Klebefolien und Klebebänder	• Doppelseitig klebende, meist transparente Folien oder Bänder • Alternative zu allen flüssigen Klebstoffen, da sie trocken eingebaut werden und vor allem feuchteempfindliche Werkstoffe nicht beeinträchtigen. • Sofortige Klebewirkung nach Zusammenfügen der Teile	• Einsatz vor allem bei flächigen Klebeverbindungen von Werkstoffen aller Art, da die Verbindung auf mechanischem Wege zustande kommt. • Kunststoffe wie PP und PE, die bei allen flüssigen Klebern ausgenommen sind, können mit dieser Methode verbunden werden. • Nicht für punktuelles Verkleben geeignet

Erweiterung des Grundsortiments

Bedingt durch besondere Herausforderungen bei einem Modell wird die Ausrüstung des Modellbauers stetig wachsen; die vielen Techniken und Verfahren der Materialbearbeitung ziehen einen großen Fundus an Werkzeugen für jede Handhabung nach sich. Man sollte sich auf die wesentlichen und sinnfälligen Dinge beschränken. Wie in der heimischen Küche findet man in der Schublade des Modellbauers meist das eine Messer, mit dem gerne fast alles geschnitten wird, neben den selten bis nie gebrauchten Spezialutensilien, die für den einmaligen Anwendungsfall angeschafft wurden und seitdem ihr Dasein ungenutzt fristen. Für den einmaligen Gebrauch bietet es sich an, das Werkzeug bei einer Werkstatt oder einem Kollegen zu leihen.

Der Kreativität zur Entwicklung eigener Hilfsmittel, Werkzeuge und Methoden sind keine Grenzen gesetzt. Wenn bei einem Modell viele gleiche Teile in Serie vorzufertigen sind (Stützen, Fassadenprofile, Treppenstufen, etc.), macht es Sinn, sich über den Herstellungsprozess mehr Gedanken zu machen. Eigene Schablonen sind hilfreich, um die Maße aus der Zeichnung eins zu eins ins Modell zu übertragen und beispielsweise immer gleiche Abstände zwischen Stützen oder Wänden abzubilden. Oftmals fehlt dem Modellbauer beim Arbeiten auch eine dritte Hand, die unterstützend eingreifen kann. Hier helfen – wenn der Kleber zum Beispiel nicht rasch genug abbindet – Wäscheklammern, die den gleichen Halt bieten können wie zwei Finger. Alternativ kann man mit wieder ablösbaren Klebebändern oder bei größeren Stücken mit Schraubzwingen provisorisch fixieren, um die Hände für den nächsten Schritt frei zu halten.

[147]

[147]
Der Tellerschleifer ist eine gebräuchliche Maschine im Architekturmodellbau.

Erweiterung der Modellbauausrüstung

Anforderung	Geeignete Werkzeuge	Anwendung
Schneiden	• Skalpelle und Grafik-Messer • Seitenschneider und Zangen	• Ausschneiden präziser und feiner Details • Kürzen von Metallprofilen
Kleben	• Spezielle Kunststoff-Klebstoffe • Montagekleber • Klebebänder und Klebefolien	• Lösemittel und Klebewirkung sind kompatibel mit dem ausgesuchten Kunststoff. • Repositionierbar (Vorteil bei Arbeitsmodellen) • Verwendung vor allem bei Unverträglichkeit von flüssigen Klebstoffen und bei vollflächigen Verklebungen
Sägen	• Eisensäge • Laubsäge	• Zum Abschneiden von feinen Metall- und Kunststoffprofilen • Freie Bearbeitung von Sperrhölzern und Furnieren
Schleifen	• Feilen • Raspeln	• In flacher, halbrunder und runder Geometrie für die Bearbeitung von Details und zum Entgraten bei Metallen und Kunststoffen • Verwendung analog zu den Feilen (grober)
Holzbearbeitung	• Stemmeisen • Locheisen	
Messen	• Schieblehre • Stahllineale	• Präzises Messen mit einer Genauigkeit bis zu 0,1 mm • Skala 0,5 mm
Farbig beschichten	• Pinsel • Maskierfilm	• Farbauftrag mit verschiedenen Techniken • Abkleben der nicht beschichteten Bereiche

Erweiterung der Modellbauausrüstung

Anforderung	Geeignete Werkzeuge	Anwendung
Weitere Hilfsmittel	• Pinzette	• Es ist hilfreich, sehr kleine Stücke zu greifen und positionieren.
	• Klammern	• Teile werden fixiert bis der Klebstoff ausgehärtet ist.
	• Schraubzwingen	• Stabile Lage des Werkstücks bei der Bearbeitung
	• Walze	• Zum Anpressen von flächigen Werkstoffen beim Kaschieren und verkleben

Maschinen

Neben einfachen manuellen Werkzeugen kommen in den Modellwerkstätten auch eine Reihe von Maschinen vor, die beim Modellbau unabdingbar sind. Vor allem bei der Bearbeitung von härteren und stabilen Modellbauwerkstoffen wie Hölzern und Metallen sind diese empfehlenswert, da sie einen leichteren Umgang mit dem Material ermöglichen.

Säge

Holz ist seit langem eines der klassischen Materialien für ein schönes Modell und Holz bedarf klassischer Maschinen für seine Bearbeitung, allen voran der verschiedenen Arten von Sägen, mit denen Bretter, Furniere und vor allem das Holzblockmaterial geschnitten wird. Da man in kleineren Abmessungen agiert als in einer Schreinerei, ist auch die Säge als Maschine in ihrer Dimension für den Modellbau kleiner und dem jeweiligen Maßstab angepasst.

Eine Mikro-Tischkreissäge ermöglicht die präzise Verarbeitung von kleinen Bauteilen und Holzprofilen. Da meist das Sägeblatt zum Sägetisch geneigt werden kann, ist die Herstellung von kleinen Holzklötzen mit schrägen Schnitten zur Simulierung von Dachneigungen kein Problem. Ist zudem die Einstellung der Schnitttiefe des Sägeblatts möglich, kann mit dem Einschneiden von feinen Nuten die Struktur der Oberfläche dargestellt werden. Ferner verfügt jede Tischkreissäge über einen Längs- und einen Queranschlag, um das Werkstück präzise über den Sägetisch zu führen. Da Materialien unterschiedliche Eigenschaften aufweisen, wie beispielsweise im Hinblick auf ihre Dichte, kann die Geschwindigkeit des Sägeblatts materialgerecht angepasst werden.

Ein weiterer wichtiger Vertreter der Sägewerkzeuge ist die Bandsäge, die – wie der Name schon sagt – mit Sägezähnen auf einem Band funktioniert. Dieser Sägetyp eignet sich hervorragend zum Kürzen und konfektionieren von Profilen und Brettern, es ist sozusagen die Säge fürs Grobe.

Daneben steht in vielen Werkstätten auch die Dekupiersäge. Dieser besondere Sägetyp arbeitet im Prinzip wie die maschinelle Variante einer Laubsäge: ein feines, lineares Sägeblatt wird vom Motor in einer Auf-und-ab-Bewegung geführt und ermöglicht gekrümmte und freie Zuschnitte von flächigem Material. Paradebeispiel für seinen Einsatz sind die organisch geformten Schichten eines Geländemodells aus Holz.

Mit Sägen werden hauptsächlich Hölzer und Holzwerkstoffe bearbeitet, doch ihre Einsatzmöglichkeiten sind weit größer: Werden die Sägen mit entsprechenden Sägeblättern bestückt, lassen sich viele Metalle und auch die meisten Kunststoffe in ähnlicher Form bearbeiten.

Allen Sägen ist gemein, dass die Bearbeiter mit hoher Vorsicht und Konzentration an der Maschine arbeiten und sich unbedingt einer fundierten Einweisung durch die Werkstattleitung oder das Fachpersonal unterziehen sollten, um Unfälle zu vermeiden. Gerade wenn winzig kleine Werkstücke bearbeitet werden, empfiehlt es sich, Hilfsgeräte aus Holz zu benutzen, um die eigene Hand in sicherer Distanz zum Sägeblatt zu wissen.

Bohrer

Bohrmaschinen dienen in unterschiedlichen Varianten der Bearbeitung von Modellbauteilen. Meist werden Löcher verschiedener Durchmesser in das Material gebohrt, um eine stabile und dauerhafte

Verbindung zwischen zwei Werkstücken zu erreichen. Ein konkretes Beispiel ist die Rundstütze, die in den Boden oder in die Decke gesteckt wird. Bei präziser Handhabung erspart man sich sogar den Klebstoff und kann die Teile fest ineinander stecken. Eine weitere Verwendung finden die Bohrer üblicherweise beim Herstellen der Löcher, in die die Stämme der Modellbäume eingesteckt werden. Hier ist die Standfestigkeit der Bäume im Gelände wichtig, damit sie beim Transport des Modells oder bei einer Erschütterung nicht gleich umfallen.

Beim Einsatz einer Bohrmaschine ist die richtige Führung des Bohrers essentiell. Es muss gewährleistet sein, dass der Bohrer in seiner Achse exakt senkrecht zum Werkstück geführt wird. Aus diesem Grund sind viele Werkstätten nicht mit der lose in der Hand geführten Bohrmaschine ausgestattet, sondern mit Maschinen, die in einen Bohrständer mit Bohrtisch eingesetzt sind, um das Werkstück in einer Position fixieren und in jedem gewünschten Winkel arretieren zu können.

Für den Architekturmodellbau sind auch Mikro-Bohrmaschinen erhältlich, die in ihrer Machart der normalformatigen Bohrmaschine gleichen; selbst das Bohrfutter ist ein sogenanntes Mikro-Bohrfutter, in welches Bohrer mit einem kleinen Durchmesser von teilweise unter einem Millimeter eingespannt werden können.

Schleifer

Meist ist es Holz, das geschliffen wird. Die Verwendung einer Schleifmaschine erleichtert die Arbeit am Modell ungemein, denn das manuelle Schleifen ist vor allem bei Harthölzern eine sehr undankbare Aufgabe. Durch Schleifen kann die gesägte Oberfläche weiter verfeinert und die endgültige Form des Werkstücks herausgearbeitet werden.

Grundsätzlich kann jede Schleifmaschine mit dem für das Material – Holz, Metall und Kunststoffe – spezifischen Schleifpapier bestückt werden. Schleifpapiere werden in der Einheit Korn klassifiziert. Ein Papier mit der Bezeichnung Korn 60 ist sehr grob, nimmt beim Schleifen viel Material ab und hinterlässt eine grob strukturierte Oberfläche. Schleifspuren der rotierenden Schleifmaschine sind deutlich ablesbar. Papier mit der Bezeichnung Korn 240 ist entsprechend feiner im Schleifgrad und erzeugt eine haptisch feine Oberfläche. Bei Kunststoffen und Metallen finden grundsätzlich Körnungen bis Korn 1000 oder sogar höher Verwendung. Besonders bei Kunststoff wird mit „Nass-Schleifpapieren“ gearbeitet: Da die hohe Drehzahl des Schleifers eine enorme Wärme produziert, die das Material schmelzen lässt, müssen die Oberflächen mit Flüssigkeit gekühlt werden. Auch bei Hölzern ist diesbezüglich Vorsicht angebracht, da sich die heißen Oberflächen braun oder schwarz verfärben können, wodurch sich ein leicht verbrannter Duft in der Werkstatt bemerkbar macht.

Die üblicherweise verwendete Tellerschleifmaschine besteht aus dem Schleifteller, der das Schleifpapier trägt und dem Schleiftisch, der davor montiert ist. Dieser kann im Winkel zur schleifenden Oberfläche justiert werden, um flächige Schliffe in jeder Form zu ermöglichen.

Weitere Typen von gebräuchlichen Schleifmaschinen sind der Schwingschleifer und der Exzenterschleifer.

Thermosäge

Für alle Werkstoffe, die unter Hitze zu schneiden sind, kommt die Thermosäge zum Einsatz. Der Begriff Thermosäge ist zwar die terminologisch korrekte Bezeichnung für diese Maschine, doch ein Hersteller prägt mit seinem Produktnamen Styrocut diese Maschinengattung im alltäglichen Sprachgebrauch. Einige Architekten nennen das Gerät auch nur den „heißen Draht“, seiner Funktionsweise wegen. Es passiert beim Einsatz nämlich genau das: es fließt Strom durch einen feinen Metalldraht. Dieser auf eine niedrige Spannung heruntertransformierte Strom erhitzt den Draht und so lassen sich aus dem Werkstoff Polystyrol-Hartschaum lautlos und sehr rasch blockhafte Stücke herausschneiden. Seit Jahrzehnten werden viele städtebauliche (Arbeits-)Modelle in diesem Verfahren gebaut. Der Draht ist vertikal zur Arbeitsfläche der Säge eingespannt, sodass man die dichte Schaumplatte nur noch am Anschlag geführt hindurchschieben muss. Je stärker die Platte, desto langsamer muss man schieben oder den Strom nach oben regeln, wobei der Draht bei zu großer Hitze durchschmort und nachgezogen werden muss.

Die Thermosägen sind mitverantwortlich für den typischen Geruch in Modellbauwerkstätten, denn beim Erhitzen von Polystyrol werden Dämpfe frei, die jedem Architekturstudenten noch lange in Erinnerung bleiben.

Lötkolben

Löten ist eine klassische Methode, um metallische Drähte fein und handwerklich elegant miteinander zu verbinden. Vor allem Strukturmodelle oder Modelle, die Tragwerke mit filigranen Gliedern abbilden, werden oft als gelötete Drahtmodelle gearbeitet.

Das geeignete Gerät hierfür ist der elektrische Lötkolben. Das wirksame Bauteil ist die feine Spitze am Kolben, mit der man unter Hitze Lötstangen oder Lötdraht – der Verbindungsstoff zwischen den beiden Flanken der Drähte – verflüssigt und so die Bindung erzeugt.

Weitere Maschinen

Neben den zuvor genannten gebräuchlichsten Werkzeugen im Architekturmodellbau existieren weitere nützliche Maschinen.

Die Schlagschere, eine in Metallwerkstätten oft anzutreffende Maschine, ermöglicht das präzise, lineare Zuschneiden von Metallblechen unterschiedlicher Stärke und Formate.

In der Holzbearbeitung werden hin und wieder auch elektrische Hobel und Hobelmaschinen eingesetzt, um in der Fläche den Querschnitt eines Brettes in der Materialstärke abzuhobeln.

Für die farbige Beschichtung von Modellen kommen Spritzpistolen zum Einsatz, in Kombination mit einem Kompressor, der die dafür erforderliche Druckluft erzeugt. Die deckenden Farbpigmente werden über die feine Düse der Pistole auf alle Oberflächen des Modells gesprüht und hinterlassen eine homogene und fein aufgetragene Farbschicht.

Modellbau digital

Der Computer besetzt auch im Modellbau wie in vielen anderen Bereichen der Architektur ganze Arbeits- und Herstellungsprozesse. Digitale und digitalisierte Methoden kamen vor einigen Jahren auf und sind inzwischen Stand der Technik in Modellbauwerkstätten, aber teilweise auch in Büros. Noch stehen sehr hohe Investitionskosten auf dem Papier, um die digitalen Maschinen einsetzen zu können. Doch wie im Möbelbau der Schreiner ohne computergesteuerte Fertigungsapparate nicht mehr wettbewerbsfähig ist, so ist auch der freischaffende Architekturmodellbauer auf diese Technik angewiesen. An den Hochschulen haben die meisten Architekturfakultäten ihre Werkstätten entsprechend ausgerüstet, wovon die Studierenden profitieren.

CNC-Fräse

Viele moderne Maschinen werden vom Computer gesteuert, der die Daten der Zeichnung direkt verarbeitet und für die Maschine umsetzt. Nachdem das Zeichnen durch die CAD-Anwendungen schon gänzlich digitalisiert wurde, ist das computergesteuerte Verfahren im Modellbau die logische Konsequenz. Modellbauteile werden durch den Einsatz der Computer unendlich oft reproduzierbar und mit außerordentlich hoher Präzision, quasi perfekt im Sinne der bloßen Wahrnehmung durch das menschliche Auge, hergestellt. Außerdem sind die Herstellungsprozesse deutlich kürzer als in der analogen beziehungsweise konventionellen Bearbeitung.

Technisch betrachtet ist die CNC-Fräse (Computerized Numerical Control) ein Apparat, der auf seiner Schneidefläche das entsprechende Werkstück in den drei geometrischen Achsen bearbeitet. Die Arbeitsweise ist also ähnlich wie diejenige des Plotters bei der Ausgabe der Zeichnung, nur kommt neben den X- und Y-Achsen noch die dritte Dimension hinzu. Der dabei gesteuerte Fräs- und Gravierkopf arbeitet aus den Materialien die zuvor am Bildschirm konfigurierten Linien und Formen heraus. Oder er durchdringt die Fläche gar nicht, sondern graviert nach den Vorgaben ein Relief in die Platte hinein.

Die eigentliche Arbeit des Modellbauers reduziert sich auf das Programmieren des Herstellungsprozesses. Da die CNC-Maschine über eine eigene Anwendung gesteuert wird, muss man die Zeichnung der CAD-Anwendung an die Grundsätze der Fräse anpassen. Das Prinzip bleibt die Vektorgrafik der Zeichnung, die vor Fräsbeginn nur noch strukturiert diejenigen Informationen enthält, die

[148]

[148]
CNC-Fräse einer Modellbauwerkstatt

auch verarbeitet werden. Alle überflüssigen Striche und Objekte müssen gelöscht sein.

Es muss beispielsweise auch festgelegt sein, ob und wie der Fräser sich in die Tiefe des Materials hineinarbeitet. Dies geschieht über eine differenzierte Struktur der Ebenen (Layer) in der Fräsdatei. Und da der Fräskopf eine eigene Materialstärke aufweist, muss im Sinne der Präzision beachtet werden, ob die gezeichnete Linie die Innen- oder die Außenkante des Fräskopfs darstellt oder dessen Achse. Anderenfalls entstehen im Millimeterbereich Differenzen in der Maßhaltigkeit des Werkstücks. Ähnlich den Plotter-Maschinen beim digitalen Zeichnen, ist es unabdingbar, die Arbeitsweise und den Gebrauch der CNC-Fräse zu durchschauen und die immer vorhandenen Tücken zu erkennen. Beim Zeichnen macht man Probedrucke, um die grafischen Komponenten fein justieren zu können – dasselbe empfiehlt sich auch beim digitalisierten Modellbau.

Die Fräse ist eingeschränkt, wenn es um die Verarbeitungsmöglichkeiten von Werkstoffen geht. Nicht alle Materialien sind für die Bearbeitung mit CNC-Fräsen geeignet. Aluminium, Messing, Stahl oder Edelstahl werden in Form von Metallblechen oder Platten (meist bis zu einer Stärke von 3 bis 5 Millimetern) gefräst. Acrylglas kann in der höherwertigen, gegossenen Ausführung bis zu einer Schichtdicke von ungefähr 10 Millimetern verarbeitet werden; dies gilt auch für Kunststoffe wie Polystyrol. Zu nennen sind ferner die Holzwerkstoffe wie in Schichten verleimtes Sperrholz (Birkensperrholz Multiplex) oder MDF.

Lasercutter

Inzwischen steht der computergesteuerten Fräse schon ein neueres Gerät zur Seite, das in der Praxis weitaus häufiger verwendet wird: der Laserschneider. Wie der Name schon sagt, schneidet ein feiner Laserstrahl in absoluter Präzision aus dem Werkstoff alles aus, was programmiert wird. Im Gegensatz zum Prinzip des Fräsens, bei dem Bestandteile des Werkstoffs herausgehoben werden, arbeitet der Laserschneider mit Hitze. Die Schnittlinie wird im wahrsten Sinne des Wortes aus dem Werkstoff herausgebrannt.

Die Übersetzung der digitalen Zeichnung in die Software des Lasers ist unkomplizierter als bei der Fräse: Da sich der Laserkopf in die beiden Richtungen X und Y bewegt, wird die Einbrenntiefe in das Material durch die Stärke des Lasers bestimmt. Möchte man diese Tiefe festlegen, genügt es, in der ursprünglichen Zeichnung die Linien unterschiedlich einzufärben und diesen Farben in der Software den Befehl für Ein- oder für Durchbrennen zuzuordnen. Als Dateiformat genügt beispielsweise eine PDF-Datei.

[149]
Lasercutter: Die digitale Zeichnung dient als Vorlage für die Maschine.

[150]
Lasercutter: Der Werkstoff wird eingelegt.

[151]
Lasercutter: Der Laserstrahl zeichnet präzise die Linien der CAD-Zeichnung nach und graviert oder schneidet den Werkstoff.

[152]
Lasercutter: In wenigen Sekunden ist das Werkstück geschnitten.

[153]
Lasercutter: Scharfe Kanten, bei den meisten Materialien dunkel verbrannt, zeichnen den Laser aus.

[154]
3-D-Plotter: der Plotter beim additiven „Arbeiten“

[155]
Digitale Werkzeuge erlauben eine präzise Darstellung von Details in kleinsten Maßstäben. Silhouettenfiguren aus Polystyrol, 1:200

[156]
Präzision und Geschwindigkeit zeichnen digitale Werkzeuge aus, gerade bei Werkstücken mit feinen Details.

Im direkten Vergleich schneidet der Laserstrahl nochmals präziser, mit Schnittbreiten im Bereich von 0,1 Millimeter. Bei der Ausbildung einer Negativecke wird diese Präzision besonders gut sichtbar: der Fräskopf ist rund und der Radius bestimmt den Innenradius der Innenecke. Der Laserstrahl kennt diese Abhängigkeit nicht, die Ecke wird scharfkantig ausgeführt.

Im Gebrauch fällt beim Laserschneider auf, dass er die Linie viel schneller schneidet als die Fräse und auch eine größere Vielfalt an Materialien zulässt.

Begrenzt wird die Nutzung der Maschine nur durch die Arbeitsfläche, die die Maschine bauartbedingt hat und daraus ergeben sich die maximalen Größen der Werkstücke. Auch die maximale Materialstärke differiert von Gerät zu Gerät. Hier hilft jedoch ein kleiner konstruktiver Trick: Das Werkstück kann aus einem dünneren Material mehrfach herausgeschnitten und dann in deckungsgleichen

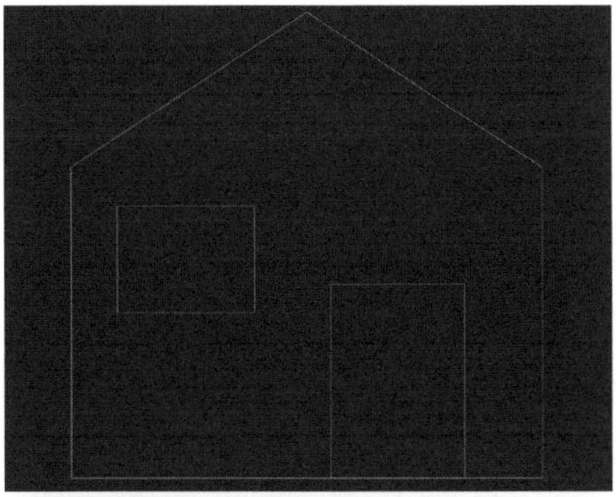

[149]

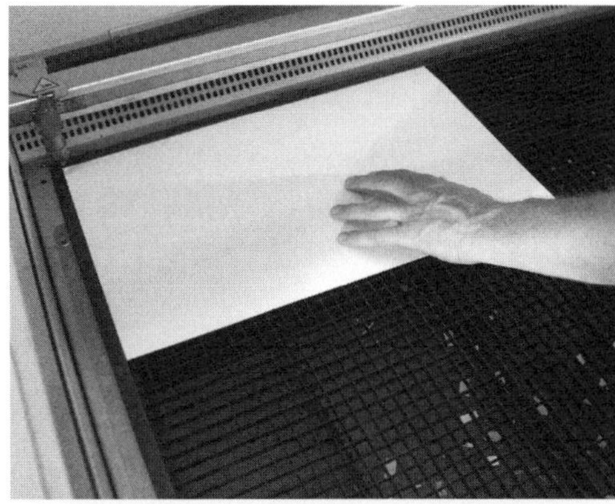

[150]

[151]

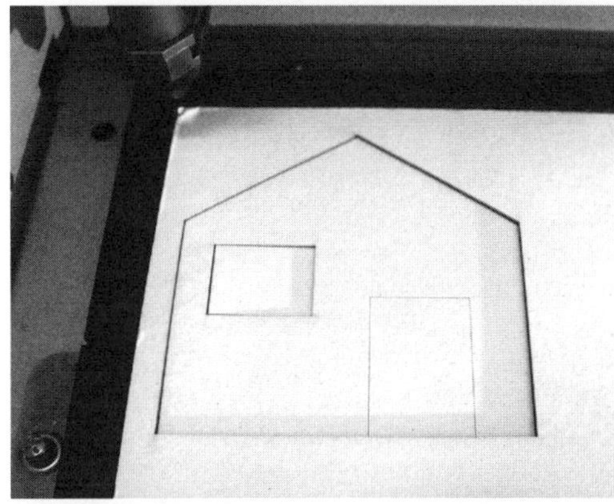

[152]

[153]

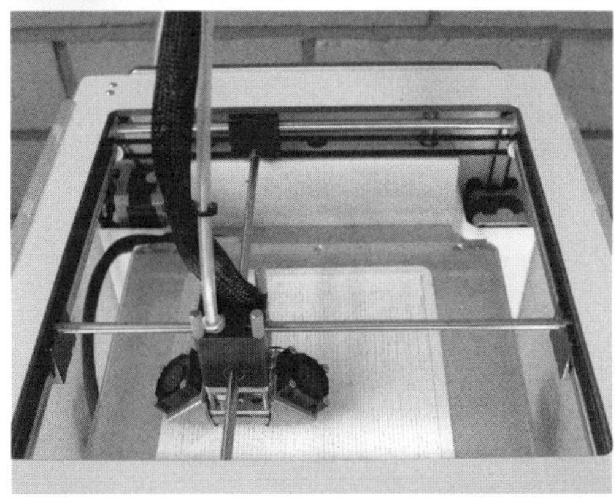

[154]

[155]

[156]

Schichten zusammengefügt (aufgedoppelt) werden. Jede Methode hat eine Machbarkeitsgrenze, spätestens dann ist der Architekt wieder als kreativer Kopf gefordert, um diese Grenzen zu überschreiten.

Ebenso empfiehlt es sich, vor dem eigentlichen Modellbau experimentell mit dem Laserstrahl zu arbeiten und mit Proben und Mustern genau herauszufinden, wie sich das Material unter dem Laserstrahl verhält und ob die Ergebnisse in die gewünschte Richtung weisen.

An Architekturfakultäten, die mit einem Laserschneider ausgestattet sind, wird dieses Gerät von den Studierenden ziemlich häufig genutzt. Die Schnelligkeit, mit der das Material bearbeitet wird, ist von anderen Methoden unerreicht und stellt jede analoge Arbeitstechnik in den Schatten. Nur was drückt ein viel zu präzises Modell aus? Statt mit einfachen Mitteln grob und unpräzise ein Arbeitsmodell zu basteln, wird rasch der Laserstrahl eingeschaltet und das Ideenmodell vermittelt schnell Präsentationscharakter. Die einfache Handhabung des Verfahrens lässt die handwerklichen Methoden fast vergessen.

Noch etwas ist charakteristisch für den Laserschneider. Durch die Hitze des Strahls werden bei Holzpappen und Holzwerkstoffen – beides beliebte Werkstoffe – die Schnittkanten dunkelbraun bis schwarz, die Oberfläche wirkt wie verbrannt. Und es stellt sich die Frage, ob diese im Vergleich zur eigentlichen Materialfarbe sehr dunklen Kanten dem Modell wirklich den gewünschten Ausdruck verleihen. Letztlich ist es ein Unterschied, ob die Fensterlaibungen dunkel sind und einen Kontrast zur Fassade erzeugen oder doch homogen und monochrom. Entweder man scheut den Aufwand nicht und schleift die dunklen Stellen ab, oder man retuschiert sie zumindest im Präsentationsmodell mit Farbe. Sollte wirklich der Maschine, nur aufgrund ihrer spezifischen Eigenschaft der Materialbearbeitung, die Gestaltung dieses wichtigen Details überlassen werden? In manchen Fällen denkt man assoziativ bei dem Anblick eines gelaserten Gebäudemodells an eine Brandruine.

3-D-Plotter

Ein anderes Prinzip des digitalisierten Modellbaus ist der Plotter, der das dreidimensionale Objekt vollständig „ausdruckt", auch als Stereolithografie-Verfahren bezeichnet. Das Druckverfahren wird durch die dritte Dimension ergänzt und das Ergebnis ist ein räumlich wirksames Objekt. Lange nur eine Randnotiz im weiten Feld des Architekturmodellbaus, kommt das Verfahren mehr und mehr zum Einsatz. Seinen Ursprung hat diese Methode im Prototypenbau des Industrie- und Produktdesigns. Da ein Architekturmodell gewissermaßen auch ein prototypisches Objekt ist, wenn auch nicht im reellen Maßstab, überrascht es nicht, dass diese Geräte nun auch hier eingesetzt werden.

Das Prinzip stellt CNC-Verfahren auf den Kopf. Es wird nicht subtraktiv die Form und die Geometrie aus dem Material herausgearbeitet, sondern additiv wird das Material zum Objekt aufgebaut. Im Ergebnis erhält man ohne weitere Bearbeitungsschritte ein fertiges räumliches Werkstück, der räumliche „Ausdruck" des bereits in der Computersoftware erfassten Modells. Die Funktionsweise basiert auf dem Prinzip, dass das Material in sehr dünnen, feinen Einzelschichten aufeinandergelegt wird. Entweder flüssige oder feste Werkstoffe werden nach den Daten im Computer in Maß und Form zusammengebracht, meist sind diese Stoffe Kunststoffe, Kunstharze oder keramische Verbindungen, aber auch Metalle. Die Bindung der Schichten erfolgt je nach Art des Materials über Aushärtung oder Verschmelzen durch chemische oder auch physikalische Prozesse.

Das Ungewöhnliche an diesen Modellen ist, dass sie fertig aus der Maschine kommen und aufgrund der besonderen Beschaffenheit der künstlichen Stoffe kaum oder gar nicht weiterbearbeitet oder beschichtet werden können. Die Apparate für

[157]

den 3-D-Druck sind noch sehr kostenintensiv und die Größe der Kabine, in der der Druck stattfindet, limitiert die Größe des Modells.

Kombination von Analog und Digital

Die digitale Maschinerie eröffnet seit ihrer Einführung völlig neue Felder und Darstellungsmöglichkeiten im Architekturmodellbau. Neben der Möglichkeit, den einmal programmierten Herstellungsprozess beliebig oft wiederholen zu können, werden auch im Formenbau neue Bereiche erschlossen. Komplexe geometrische Strukturen, die manuell sehr aufwändig oder gar nicht formbar wären, können nun dargestellt werden.

Digitale Maschinen sind sicherer in der Handhabung, da der unmittelbare Kontakt mit gefährlichen Maschinenteilen durch die Schutzabdeckungen ausgeschlossen ist und auch die Staub- und Schmutzbelastung für den Menschen ist geringer als im konventionellen Werkstattbetrieb. Der Architekturmodellbau ist ohne den Einsatz der CNC-Geräte nicht mehr denkbar. Die Arbeitserleichterung und die Vielfalt an Möglichkeiten überzeugen selbst leidenschaftliche Modellbauer. Mancher dieser Idealisten vermisst jedoch die fehlende individuelle Handschrift, die das Modell auszeichnet. Dieser Aspekt ist nicht als bloße Nostalgie zu verstehen: Im Ergebnis hat man nur noch perfekt anmutende Objekte vor sich, die mehr Selbstzweck sind als Experiment, welches im Entstehungsprozess jedoch noch im Vordergrund stehen sollte.

Um die Möglichkeiten der handgemachten Arbeit nicht ganz aus den Augen zu verlieren, kann es auch ein probates Mittel sein, die Bearbeitungsmöglichkeiten miteinander zu kombinieren. Auf diese Weise kann der Modellbauer etwas Individuelles, die oft erwähnte Handschrift, einbringen. Wie in der gebauten Architektur bekommen die Gebäude dadurch einen besonderen Ausdruck, dass man traditionelle Verfahren mit modernen Techniken zusammenführt. Holz kann beispielsweise mit dem Laser präzise bearbeitet und in einem weiteren Schritt manuell strukturiert werden, um eine lebendige Oberfläche zu erhalten, die es unverwechselbar macht.

[157]
3-D-Plotter: Eine Maschine, in der das räumliche Modell ohne weiteres manuelles Zutun vollständig produziert wird.

[158]
Auch im digitalen Zeitalter zeichnet sich Holz durch seine natürliche Einzigartigkeit aus. Curjel&Moser, Modell Lutherkirche, Karlsruhe, 1907

[158]

[159]
Meist wird ein neutraler schwarzer Hintergrund verwendet, um das Modell fotografisch zu dokumentieren.

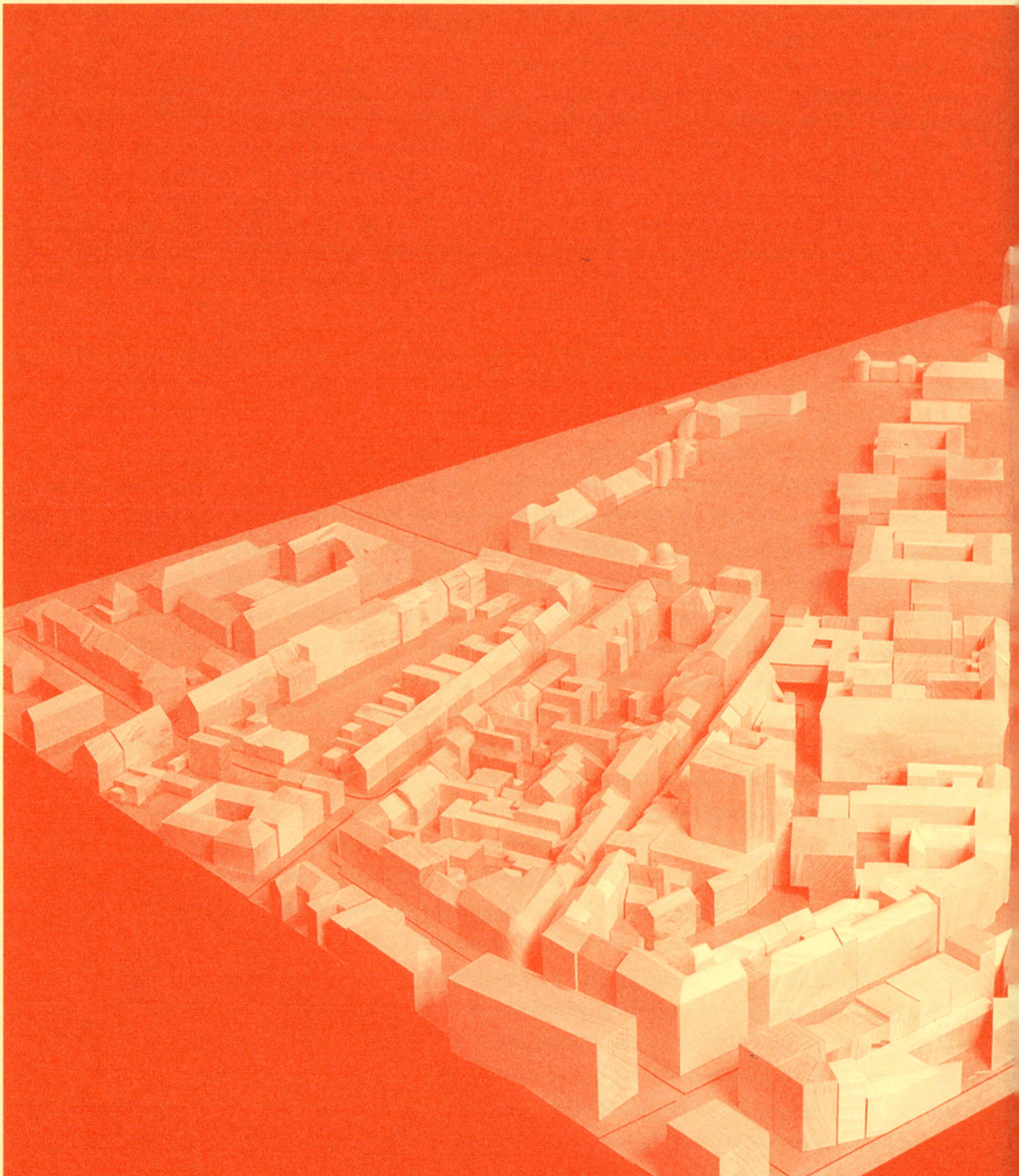

Präsentation und Betrachtung

6

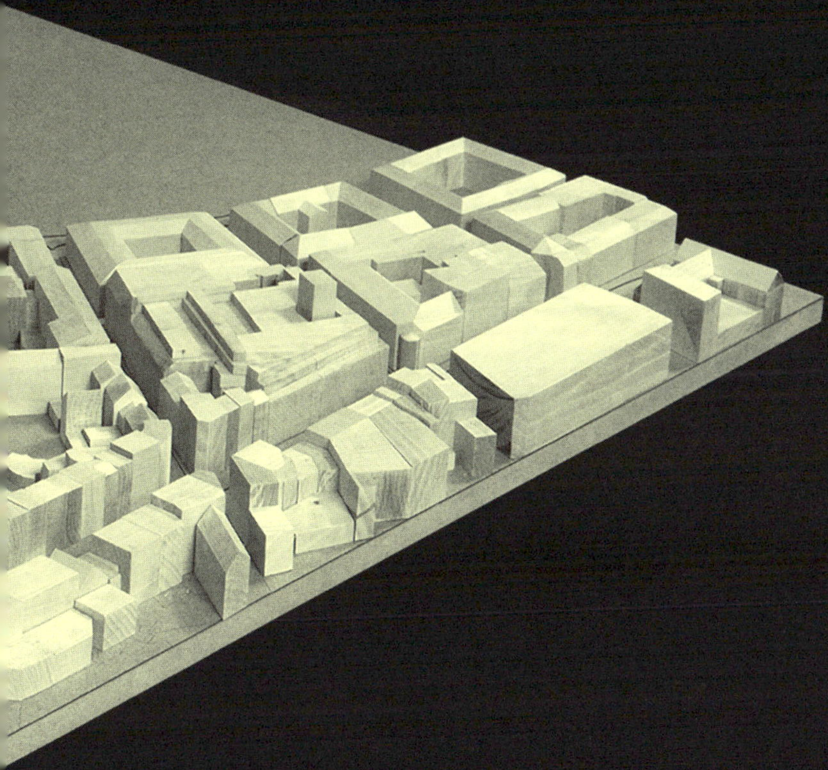

Das Architekturmodell ist fertiggestellt. Das kleine Bauwerk ist vollendet, der Architekt und seine Handwerker sind zufrieden mit dem Ergebnis. Jetzt wird das Modell seiner Bestimmung zugeführt und es darf seinen Sinn und Zweck erfüllen.

[160]

[161]

Architekturmodelle im Auge des Betrachters

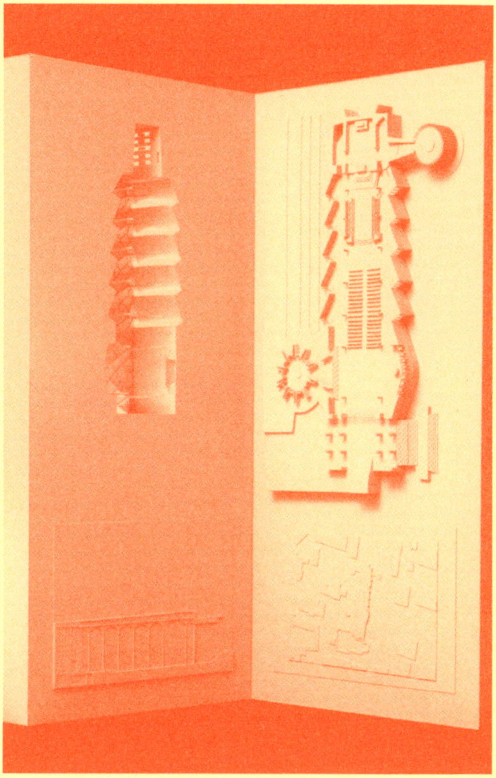

[162]

[160]
Mit einem Eyecatcher wird die Aufmerksamkeit des Betrachters auf den Inhalt des Modells gelenkt.

[161]
Die buchstäbliche Vielschichtigkeit transportiert Inhalte des Modells auf mehreren Betrachtungs- und Raumebenen.

[162]
Das Modell kann das Medium für räumlich-architektonische Aussagen sein und gleichzeitig selbst zum Objekt mit autonomer gestalterischer Qualität werden.

Bei Architekturdarstellungen wird oft die Metapher von der „Sprache des Architekten" verwendet. Der Architekt als Verfasser des Entwurfs spricht durch die Medien der Darstellung. Das Modell ist eine dieser Sprachen; sie zu erlernen ist die eine Sache, sie richtig anzuwenden und ihre Feinheiten zu kennen eine andere. In diesem Kapitel wird die Kunst behandelt, das Modell für sich sprechen zu lassen.

Festzuhalten ist, dass ein Modell immer eine eigenständige Aussage treffen wird. Es ergänzt, erweitert die Möglichkeiten, wie Architektur begreifbar gemacht wird und in der Folge vermittelt und beworben werden kann.

Wie autonom ist das Modell? Vermittelt das Modell ausschließlich die Aussage des Entwurfs oder ist es im Kontext von Zeichnungen, Bildern und gegebenenfalls weiteren Medien zu lesen und zu verstehen? Spricht es für sich oder begleitet und unterstützt das Modell den Architekten bei einer Präsentation, einem Vortrag?

Schon bei den ersten Überlegungen zu seiner Fertigung sollte bedacht werden, wie das Modell später zum Einsatz kommt. Nur so ist es möglich, die Gestaltung und Materialisierung optimal auf die gewünschte Wirkung hin abzustimmen.

Doch wie überzeugt ein Modell den Betrachter? Modelle im Allgemeinen üben eine Faszination aus. Verkleinerte Darstellungen unserer Umgebung und unseres Alltags werden häufig als besonders reizvoll empfunden. Nicht zufällig sind die oft kitschig anmutenden Modelle von Flugzeugen, Schiffen und Eisenbahnen, die uns in unsere Kindheit zurückversetzen, so beliebt. Modelle sind vielfältig vorhanden in allen Bereichen der Gesellschaft und fast alles gibt es heutzutage verkleinert. Gerade Laien haben beim Modell eines Gebäudes einen anderen Erwartungshorizont – das Modell eines Einfamilienhauses im Maßstab 1:50 im Schaufenster der Immobilienvermittlung der örtlichen Bank drängt sich auf.

Architekturmodelle wollen jedoch etwas anderes sein. Die Abstraktion liegt als zentrales Prinzip jedem Modell zugrunde, verleiht ihm seine Identität und seinen Ausdruck: Unwesentliches wird weggelassen oder vereinfacht, das Wesentliche steht im Mittelpunkt der Darstellung. Um dieses Wesen geht es auch dann, wenn die Betrachtung durch die Adressaten im Mittelpunkt steht, für die das Modell erstellt wurde.

An den Universitäten und Hochschulen werden Modelle im Rahmen von Entwurfspräsentationen verwendet. Hier ist es wichtig, dass der Studierende das Modell ganz bewusst in seinen Vortrag einbindet, es aktiv und offensiv in den Fokus der Wahrnehmung rückt, Inhalte direkt am Modell erklärt und die Möglichkeit ausschöpft, an ihm die Qualität seiner Arbeit nachzuweisen. In der akademischen Praxis stehen Modelle allerdings häufig etwas stiefmütterlich neben den aufgehängten Plänen. Wenn nicht ordentlich darauf verwiesen wird, dann erhält das Modell in der Kritik der Lehrenden nur geringe Beachtung. Die Verantwortung

[163]

182

Präsentation und Betrachtung

hierfür liegt bei den Verfassern selbst, die nicht oder zu wenig erkennen, wie das Projekt vom Modell profitieren kann.

Wie verhält es sich damit in den Architekturbüros? In Deutschland beobachtet man nur in wenigen Planungsbüros, dass Architekturmodelle einen grundlegenden Anteil am Tagesgeschäft einnehmen. Dies liegt bis zu einem bestimmten Grad am beruflichen Alltag, in dem das Entwerfen und das Vermitteln architektonischer Konzepte nur einen kleinen Teil der Arbeit ausmacht. Doch auch wenn es vom Auftraggeber gefordert wird, überlässt man es allzuoft dem Werkstudenten, rasch ein Modell zusammenzukleben. Modelle sind aufwändig, müssen beauftragt und bezahlt werden. Die Vermittlung des Entwurfs hat dann in den meinsten Fällen bereits vor dem Modellbau begonnen. Oder aber der Architekt ist überzeugt vom Potential der Vermittlung durch das Modell und setzt genau auf dieses Medium, um erfolgreich und überzeugend die Entwurfsidee beim Bauherrn darzustellen. Hilfreich ist es für beide Seiten.

Das Arbeiten mit Modellen bringt ökonomische Vorteile mit sich, denn auch die konkurrierenden Darstellungstechniken, wie etwa das digitale Modell, bedeuten zeitlichen Aufwand und kostenintensives Werkzeug. Nicht wenige Architekten berichten dagegen, dass die Auftraggeber in Besprechungen, die die gestalterisch relevanten Inhalte zum Thema haben, bei Anwesenheit eines Modells kaum Interesse für die Zeichnungen zeigen, sondern fasziniert und begeistert sind vom Modell ihres Hauses.

In welchem Umfeld kommt ein Modell am besten zur Geltung? Es ist nicht unerheblich, wie man das Modell am besten für den Betrachter aufstellt beziehungsweise ausstellt, um seiner Aussage zu entsprechen. Darüber, wie das Objekt wahrgenommen wird, sollte mach sich durchaus Gedanken machen. Bei den Architekturplänen beispielsweise wird Wert darauf gelegt, dass jedes Blatt waagrecht, in der richtigen Reihenfolge und auf Augenhöhe hängt. Wie positioniert man aber das Modell? Häufig wird es einfach auf einen Tisch gestellt, was bei Landschafts- und Stadtmodellen auch sinnvoll ist, da hier der Blick aus der Vogelperspektive die Informationen des räumlichen Zusammenhangs gibt. Bei Gebäuden und vor allem bei Modellen des Innenraums ist es nicht zu empfehlen, denn um die räumlichen Aussagen zu erkennen, sollte es dem Betrachter möglich sein, sich visuell auf die Ebene der maßstäblichen Augenhöhe zu begeben.

Bei Modellen großer Maßstäbe (Stadt und Landschaft), die als Objekt wenig Bauhöhe aufweisen, eher wie ein dreidimensionaler Plan oder eine Tafel wirken, besteht die Möglichkeit, an der Rückseite eine Aufhängung zu montieren und das Modell senkrecht aufzuhängen. Die Tragfähigkeit der Wand wird hierbei vorausgesetzt.

Möchte man dem Architekturmodell eine größere Bedeutung verleihen, da es beispielsweise die Planung eines öffentlichen Gebäudes darstellt und im Foyer des Rathauses über einen längeren Zeitraum ausgestellt werden soll, dann empfiehlt es sich, in Art und Ausführung passend zur Grundplatte einen Sockel oder ein Gestell gleich mit anzufertigen. Das Modell bildet dann mit dem Unterbau, das über dieselben Abmessungen wie die Grundplatte des Modells verfügen sollte, eine Einheit, wirkt dadurch elegant und wertbeständig. Und kann im besten Fall den Entwurf konzeptionell

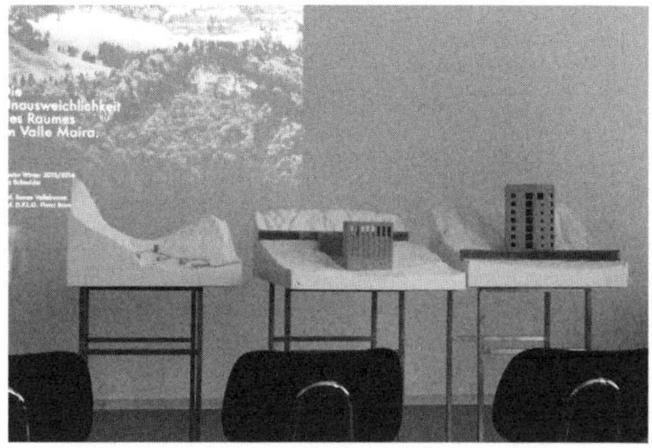

[164]

[163/164]
Das Modell ist ohne sichtbare Grundplatte oder Unterkonstruktion als gegossenes Volumen aus Gips (Oberfläche) und Polystyrol-Hartschaum (Kern) hergestellt. Es ist Teil einer Reihe von Architekturmodellen, die im Ablauf der Maßstäbe den Ort einführen und in mehreren Gebäudemodellen die einzelnen Gebäudeteile des Ensembles erklären. Zur Präsentation wurden maßgefertigt vom Schlosser jeweils Gestelle aus Metall-Vierkantrohr geschweißt, um die Reihe der Modelle wie in einer Ausstellung erhöht aufzubauen. Landschaftsmodell 1:5000

[165]

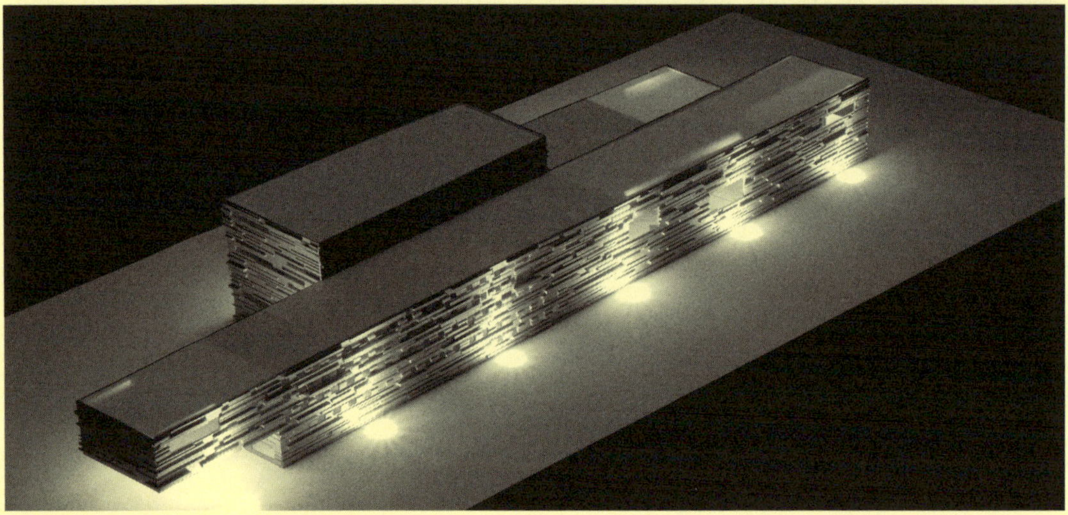

[166]

[167]

unterstützen: Für ein schlankes hohes Bauwerk kann auch ein ebenso proportionierter Sockel in der Wahrnehmung des Betrachters die Idee des Architekten verstärken.

Architektonische Themen oder auch die Werke bedeutender Architekten sind immer wieder Anlass für Präsentationen und Werkschauen in Museen. Modelle der gezeigten Architektur sind dabei wesentlicher Bestandteil jedes Ausstellungskonzepts. Erfahrungsgemäß finden die Besucher die gezeigten Modelle am interessantesten, eben weil sie anschaulich und eindrücklich den Inhalt der Ausstellung vermitteln. Spätestens im Museum wird klar, dass Modelle im Ausdruck der gebauten Architektur am nächsten kommen.

Im Kontext einer Ausstellung ist das Modell nicht nur wie durch einen Sockel oder ein in das Konzept passendes Möbel hervorzuheben, darüber hinaus wird es durch eine transparente Haube vor Beschmutzung und Beschädigung geschützt – ähnlich einer Vitrine aus Glas oder Acrylglas. Modelle sind feingliedrig und oft empfindlich, können sehr fragil gestaltet und konstruiert sein oder es sind historische Modelle, bei denen Schäden jedweder Art irreparabel wären. Außerdem bekommt der Gegenstand hinter Glas, in einer Vitrine oder einem Schaukasten alleine schon durch diese museale Distanz eine ganz eigene Bedeutung.

Modellfotografie

Das Architekturmodell steht nach seiner Vollendung für sich und dient dem Zweck, für den es gebaut wurde. Dieses dreidimensionale und physisch erlebbare Objekt übt alleine durch seine Präsenz eine Anziehungskraft auf den Betrachter aus. Neben der unmittelbaren Betrachtung steht das Modell auch für die Fotografie zur Verfügung, ein weiterer Mehrwert des Modells. Fotografische Aufnahmen des geplanten Raums können als Grundlage für perspektivische Darstellungen herangezogen werden, sei es zur Ergänzung von Planmaterial oder zur Verwendung in Broschüren und Portfolios.

Architekturmodelle werden nach Ihrer Fertigstellung häufig fotografiert, zu Dokumentationszwecken und um die Objekte auch in einer handlicheren Form in Bildern festzuhalten. So wie der Architekturfotograf nach Vollendung des Gebäudes das Werk des Architekten in Aufnahmen festhält, so verhält es sich in den meisten Architekturbüros und in den Fotowerkstätten der Architekturfakultäten auch am Modell. Modelle sind es wert, dass man sie für die Nachwelt konserviert. Diese Bilder eignen sich hervorragend für Eigenwerbung und als Referenzen. Da die Größe eines Modells mit der Grundplatte überschaubarer ist als das fertige Haus, kann man diese Bilder in der Regel in Eigenleistung herstellen.

Neben der Dokumentation bieten die Modelle noch eine weitere Möglichkeit der fotografischen Verwertung: das Erzeugen räumlicher Perspektiven aus dem Modell heraus. In diesem Fall wird das Modell zum Fotomodell und steht im wahrsten Sinne des Wortes im Fokus. Die Modellfotografie stellt darin eine probate Alternative zum fotorealistischen Rendering dar – besonders wenn man es mit dem Aufwand vergleicht, den ein wirkungsvolles und ausdrucksstarkes virtuelles Bild am Rechner verursacht. Vom Modell direkt abgelichtet, entstehen räumliche Aufnahmen, die inhaltliche Aspekte wie räumliche Beziehungen, Materialität, Oberflächen und vor allem die beabsichtigte Lichtstimmung hervorragend abbilden.

Für die Modellfotografie ist es notwendig, sich mit dem handwerklichen Wissen über das Fotografieren auseinanderzusetzen. Wenn man die Bilder selbst erstellen möchte, bedarf es nicht nur guter fotografischer Kenntnisse, sondern auch einer guten Ausrüstung mit den entsprechenden Objektiven, um in dieser Miniaturwelt genau die Situation auf das Bild zu bringen, die gewünscht ist.

Bei höheren Ansprüchen wird man mit einem professionellen Fotografen zusammenarbeiten. In der Atmosphäre des Fotostudios entsteht unter optimalen Rahmenbedingungen das Bild, mit dem das Modell am besten auf das Papier kommt. Um die Aussage des Modells ins Bild übersetzen zu können, muss der Fotograf genau wissen, worauf

[165]
Die Miniatur der Architektur nicht in einem neutralen, sondern im atmosphärischen Kontext des Ortes fotografiert

[166]
Die Inszenierung des Kunstlichts im Architekturmodell

[167]
Der Ausdruck des Materials im Licht

es dem Architekten bei dem Modell ankommt und für welche Gruppe von Betrachtern die Aufnahme gedacht ist. Von großem Vorteil ist dabei, dass der Fotograf zusammen mit dem Architekten die räumlichen Aussagen aus verschiedenen Blickwinkeln und in verschiedenen Lichtverhältnissen untersuchen kann, um am Ende die besten Einstellungen herauszuarbeiten. Modelle bieten die Möglichkeit, mit der Kamera an verschiedenen Seiten anzusetzen und so die räumliche Aussage komplett einzufangen. Analog zur Architekturfotografie übernimmt das Modellfoto nicht nur die Aufgabe, das Modell als Information objekthaft abzubilden, sondern auch, die Auseinandersetzung mit der Aussage des Modells zu ermöglichen, der ein kreativer Prozess des Entwerfens und Darstellens vorausgegangen ist.

Die Modellbilder benutzt der Architekt, um auf Raumbeziehungen im Entwurf aufmerksam zu machen. Vielleicht gelingt es der Aufnahme noch besser, die entscheidenden Aspekte des Entwurfs, die das Modell thematisiert, hervorzuheben. Das Bild wirkt wie ein Filter, der aus dem Modell die wesentlichen Inhalte herauszieht, um sie so noch verständlicher zu machen. Das Architekturmodell wird als Objekt stets subjektiv wahrgenommen. Jeder, der das Modell in Augenschein nimmt, tut dies intuitiv und unter Zuhilfenahme seines architektonischen Verständnisses. Das Modellbild ist dagegen einfacher zu „lesen", weil es dem Betrachtenden einen konkreten Standpunkt vorgibt und den räumlichen Moment vermittelt. Die räumliche Sequenz wird verstärkt und – durch den Einsatz von künstlichem Licht – gegebenenfalls noch bis zur Überzeichnung gesteigert.

Zu Anfang wurde bereits darauf eingegangen: Ein Architekturmodell bündelt in sich sehr viel mehr Informationen über den Entwurf als jede Zeichnung, jedes Detail und vor allem jede perspektivische Darstellung. Dies ist ein großer Vorteil des Modells gegenüber allen anderen Darstellungsmitteln. Doch es ist auch sinnvoll, das Modell entsprechend seiner Adressaten zu nutzen und von der Vielzahl an Informationen die wirkungsvollen Aussagen zu extrahieren. Für Fachleute sind die Inhalte des Modells gut zu bewältigen und zu bewerten, für Bauherren und Laien bei Preisgerichten kann es nichtsdestoweniger schwierig sein, alle Aspekte zu erfassen. Hier unterstützt die Modellaufnahme das Konzept der Darstellung.

Nicht zuletzt kontrolliert und lenkt der Architekt mit Fotografien den Betrachter. Er hat in der Hand, wie seine Aussagen dem Gegenüber vermittelt werden.

Von der Qualität und den Möglichkeiten der technischen Ausrüstung hängt ab, wie handwerklich perfekt die Fotografie wird. Die Geometrie des (Modell-)Raums und seine physischen Dimensionen stellen die Anforderung an die Kamera, das Objektiv und den zu verwendenden Modus. Grundsätzlich unterscheidet man zwischen der Aufnahme des Modells von außen und der wesentlich schwierigeren und aufwändigeren Fotografie eines Innenraummodells.

[168]
Tageslicht erzeugt den Charakter des Raums.

Da es sich bei manchen Modellen um relativ große Objekte handelt, ist ihre Handhabung nicht immer leicht. Ein Studio oder Fotoatelier, in dem man neutrale Hintergründe und ein Belichtungssystem vorfindet, erleichtert den Vorgang. Viele der in diesem Buch abgebildeten Modelle sind vor neutralem – klassischerweise einem schwarzen oder weißen – Hintergrund, in einer Fotowerkstatt entstanden. Um einen angenehmen Kontrast zu erzeugen, werden Modelle aus hellen Werkstoffen eher vor einem dunklen Hintergrund und dunkle Modelle vor hellen Hintergründen fotografiert. Das einstellbare Kunstlicht ermöglicht eine optimale Ausleuchtung des Objekts, idealerweise von der Seite, nicht frontal, um die Plastizität des Modells auch im Bild nachzuzeichnen.

Neben dem Studio als Ort der Aufnahme ist Improvisation erlaubt. Warum nicht das Architekturmodell aus seinem objekthaften und auf sich selbst bezogenen Kontext herausnehmen? So wie das wirkliche Bauwerk in einer spezifischen Umgebung verortet ist, so kann es sehr hilfreich sein, das Modell in einer der Wirklichkeit angenäherten Umgebung zu platzieren. Werden Modelle beispielsweise unter freiem Himmel abgelichtet, den Himmel sichtbar auf dem Bild, so wirkt die Lichtsituation besonders natürlich und authentisch. Analog zur Architekturfotografie empfehlen sich hier Tageslichtsituationen, bei denen Wolken das Sonnenlicht diffus erscheinen lassen und so auch die Modelloberflächen weicher und feiner zeichnen. Harte Schatten und überbelichtete Oberflächen (vor allem bei hellen Architekturmodellen) sind später per Bildbearbeitung nur aufwändig zu korrigieren. Neben dem Himmel als natürliche Staffage kann man auch den Horizont oder die direkte Umgebung aus der Wirklichkeit entlehnen. Stehen Bäume vor

[168]

[169]

[170]

[171]

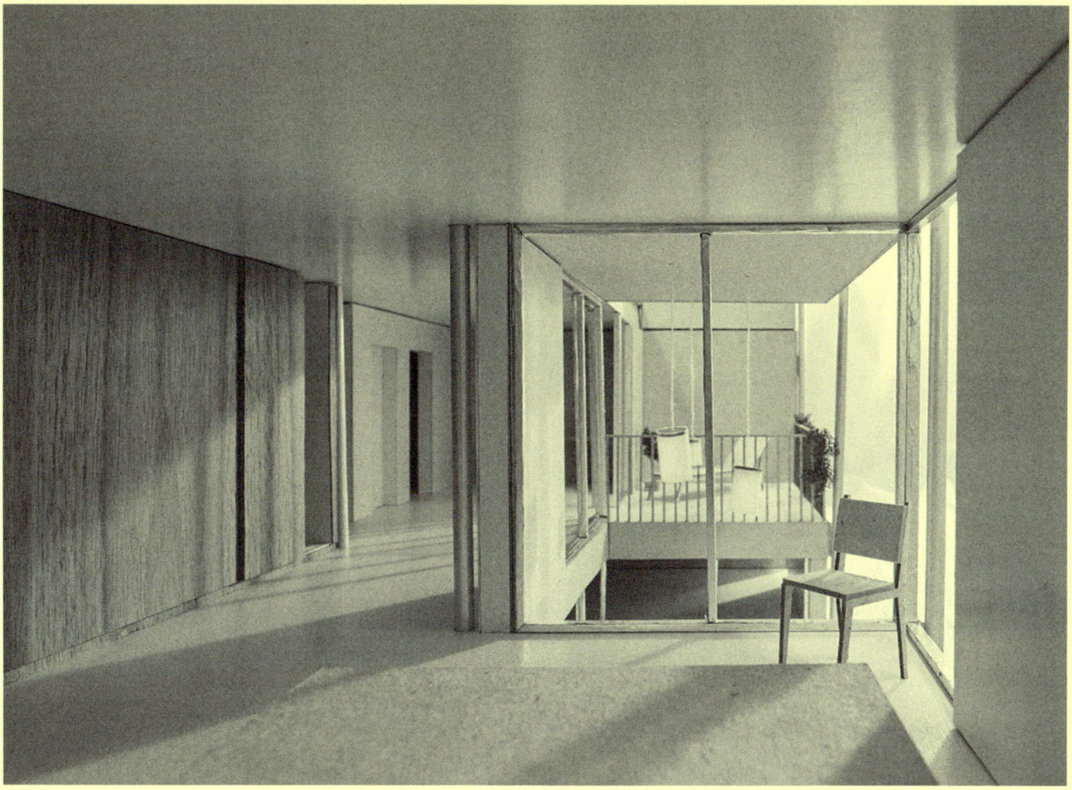

[172]

[174]

[175]

dem Fenster, aus dessen Raum man den Ausblick generiert, dann positioniert man das Modell vor einem wirklichen Baum und im späteren Bild fällt aufgrund der perspektivischen Tiefe nicht auf, dass das Modell eine Verkleinerung der Realität ist.

Schon beim Bauen des Modells sollte man darauf achten, ob und wie das Modell fotografiert werden soll, denn je nachdem, wie der Maßstab gewählt wurde, könnte die Kamera für das Modell schon schlicht zu groß sein. Es empfiehlt sich dann, Bauteile herausnehmbar zu gestalten oder eine Öffnung einzubauen (bei Innenraummodellen), durch die das Objektiv geschoben wird.

Ein weiterer wichtiger Aspekt beim Fotografieren stellt die Höhe dar, in der die Kamera positioniert ist. Für dokumentarische Zwecke kann das Bild aus der Vogelperspektive aufgenommen sein; aus diesem Blickwinkel betrachtet man üblicherweise nur ein Modell, nicht ein Gebäude. Das Erleben des architektonischen Raums findet quasi auf Augenhöhe statt. Durch Festlegung dieser Höhe auf einer ebenso gedachten Horizontlinie erhält der Betrachter den konkreten Verweis auf die Wirklichkeit. Im Modell 1:100 sollte demzufolge die Bildachse circa 170 Zentimeter über der Grundplatte liegen – auch hier stößt die Kamera mit der Größe des Gehäuses an ihre Grenzen und es muss gut überlegt sein, wie man Platz für sie schafft. Nur wenn die Aufnahme in einer in unserer Wahrnehmung korrekten Höhe stattfindet, produziert sie einen nachvollziehbaren Raumeindruck.

Sollte also die Absicht bestehen, mit dem Bild des Modells vom Charakter des Raums zu erzählen, dann ist es wichtig, sich von den mechanischen und handwerklichen Prozessen des Fotografierens zu lösen und letzteres als kreativen Prozess zu verstehen. Die bewusste Wahl des Blickwinkels, der experimentelle Umgang mit verschiedenen Perspektiven und Beleuchtungsmomenten ergibt am Ende das ideale Bild für diese Sequenz.

Im größeren Zusammenhang ist es sinnvoll, auch über eine Abfolge von Aufnahmen nachzudenken, die wie eine Fotostrecke in einer Fachzeitschrift den Zusammenhang erklären. So kann sich das Raumerlebnis, das inhaltlich im Modell steckt, vollständig entfalten. Viele Architekten führen für ein Entwurfsprojekt ein Skizzenbuch, in dem sie alle Überlegungen, alle Ideen und verworfenen Gedanken sammeln, um das Prozesshafte am Entwerfen zu dokumentieren. Auf ähnliche Weise kann man das Modell mit dem Fotoapparat in all seinen Metamorphosen und Entwicklungsschritten festhalten. Die experimentelle Arbeit am Modell vollzieht sich in vielen einzelnen Schritten, der Entwerfer denkt in

Varianten und entwickelt die Modelle entsprechend weiter. In dem Maße, wie das Modell laufend modifiziert wird, dient das Foto der Konservierung von Zwischenständen.

Digital optimierte Modellbilder statt Renderings?

Wie verwendet man das Bild, das vom Modell entstanden ist? Im Zeitalter der digitalen Fotografie ist das Bild, das die Kamera geliefert hat, noch nicht fertig. Man verfügt in der Regel über die Werkzeuge der digitalen Bildbearbeitung und kann diese Hilfsmittel auch einsetzen. Das Modellbild zu bearbeiten bedeutet in erster Linie, die Aussage des Bilds noch zu verbessern. Steigerung und bewusste Akzentuierung des Inhalts werden in diesem Bearbeitungsschritt am Rechner erzielt. Dabei möchte man erreichen, dass der abgebildete Raum in seiner gesamten Raumtiefe die größtmögliche Schärfe erhält. Jedoch ist es auch möglich, durch Einstellung von Schärfe und Unschärfe nach eigenen Wünschen bestimmte Raumteile hervorzuheben oder in den Hintergrund treten zu lassen. Im Architekturmodell ist die umgebende Staffage wie Bäume, Personen oder Fahrzeuge für den Maßstab noch bedeutend, im Bild kann man diese – bewusst verschwommen – im Randbereich auflösen.

Bedeutend ist auch die Korrektur perspektivischer Verzerrungen, die durch den Größenunterschied zwischen Kamera und Objekt entstehen können; vor allem stürzende Linien und Gebäudekanten sind im Sinne einer korrekten Raumwahrnehmung unbedingt zu vermeiden.

Hochauflösende Digitalkameras besitzen eine Besonderheit, wegen derer man an der Nachbearbeitung der Fotografie nicht vorbeikommt: Diese Geräte fotografieren in der Regel zu gut! Das menschliche Auge verzeiht den ein oder anderen kleinen Fehler, der beim Modellbau passiert ist – den Klebstoffklecks, der an einer Raumkante nicht ordentlich abgestrichen ist, zum Beispiel. Interessanterweise sieht man diese Mängel viel deutlicher und offensichtlicher auf der Fotografie, die Kamera stellt sie wie überzeichnet dar. Mit dem Bildbearbeitungsprogramm kann man diese Fehler problemlos retuschieren.

Ein weiteres großes Thema im Bereich der Bildbearbeitung ist der Farbmodus, in dem man sich die Abbildung vorstellt. Wählt man eine farbige und somit eine realistischere Wiedergabe des Modells oder entscheidet man sich bewusst für die Schwarz-Weiß-Fotografie, um die Aspekte von Helligkeit und Licht, Dunkelheit und Schatten in den

[169]
Modellfoto mit Fotomodell: Digitalfotografie ermöglicht den Einblick in die verkleinerten Räume.

[170]
Das Ergebnis vermittelt mithilfe der Bildbearbeitung den Eindruck des Raums.

[171–173]
Abstrakt im Sinne des Maßstabs transportieren die Bilder, die mithilfe des Architekturmodells generiert wurden, die wesentlichen Aspekte, um die es in der Architektur geht: Licht, Materialität, Proportion und Komposition. Innenraummodelle, 1:20

[174]
Architekturmodell: Man spürt, wie es gemacht ist, und seine Einzigartigkeit wiederum durch die Machart.

[175]
Rendering (Visualisierung): Die Darstellung von Details vermittelt den Eindruck von Realität.

Vordergrund zu stellen? Bevor die digitale Fotografie das alltägliche Werkzeug in der Architekturdarstellung wurde, waren Modellbilder meistens schwarz-weiß. Bei einer bewussten Reduktion der Modellbauwerkstoffe (monochrome Modelle sowie Modelle, die die Materialität der wirklichen Bauwerke vereinfachen) ist es schlüssig, das Bild im Schwarz-Weiß-Modus anzulegen, denn es unterstützt die Abstraktion, auf die schon im Modell Wert gelegt wurde. Über den Farbmodus hinaus helfen in der digitalen Fotografie weitere Filter und Bearbeitungsmodi, dem Modellbild einen kunstvollen Charakter zu geben. Als Beispiel sei hier nur die Möglichkeit genannt, durch eine sichtbare Körnigkeit einen weiteren grafischen Effekt zu erzeugen.

Im Ergebnis bekommt der Architekt aus dem Architekturmodell, welches ihm sowieso zur Verfügung steht, Bilddarstellungen seines Entwurfs – man kann sagen, ein wertvolles und verwertbares Beiprodukt des Modellbaus. Diese Bilder kann man wie eine Rückkopplung verstehen: Mit dem Modell als dreidimensionales Objekt werden per Fotografie zweidimensionale Raumdarstellungen erzeugt. Gerade bei Entwürfen, die in ihrer Geometrie und Formgebung sehr komplex sind, ist es oft einfacher, mit einem abfotografierten gebauten Raummodell die perspektivischen Sachverhalte darzustellen, als stattdessen das 3-D-Modell virtuell am Computer zu erzeugen.

[176]
Ludwig Mies van der Rohe, Farnsworth House, Illinois, 1945–50, Gebäudemodell, 1:50, Holz gestrichen

Ausblick

In der Arbeitswelt verändert die Digitalisierung kontinuierlich die alltäglichen Prozesse. Auch im Architekturbetrieb greifen diese Veränderungen in alle Bereiche der Darstellung ein. Doch was bedeutet das konkret für den Modellbau? Welche Rolle kann das physische, analog betrachtete Modell jetzt und in der Zukunft einnehmen und welche parallelen Entwicklungen in den Darstellungsmedien können das Modell ergänzen?

Seit den 1990er Jahren wurde der Computer als Werkzeug der Architekten interessant. Am Anfang dieser Entwicklung stand der schrittweise Austausch des Tuschefüllers durch CAD-Programme. Entstand eine Linie früher mit schwarzer Tusche auf glattem Transparentpapier, so heute mit zwei Klicks am Rechner: um Längen schneller, gleichzeitig präziser und repetierbar. Der Computer machte aus den traditionellen Werkzeugen, die Generationen von Architekten begleiteten und charakterisierten, antiquierte Stücke für das Museum. Innerhalb weniger Jahre verschwanden die Gegenstände des Zeichenhandwerks vollständig aus dem Bewusstsein der Architekturschaffenden. Und es ist festzustellen, dass nicht nur das Werkzeug sich änderte. Die Architektur änderte sich gleich mit. Vielleicht ist es eine zutiefst menschliche Eigenschaft, dass man den hohen Aufwand und deswegen so manche architektonische Entscheidung scheut. Wie zeichneten Architekten damals in unendlicher Fleißarbeit die Stoß- und Lagerfugen der Ziegelsteine des Fassadenaufrisses? Mit dem Computer ist es ein Mausklick und das Muster, das man sich wünscht, ist da. Der Computer ermöglicht aufgrund seiner enormen Rechenleistung das Entwickeln und Erstellen von Formen und Systemen, die in der rein analogen Welt im wahrsten Sinne des Wortes „undenkbar" gewesen wären.

Der Architekturmodellbau war zeitversetzt betroffen. Die Welle der Digitalisierung machte auch vor den Werkstätten der professionellen Modellbauer und schließlich auch der Architekturfakultäten nicht halt. Zu offensichtlich war der Vorteil der technischen Möglichkeiten, Werkstücke digital ausschneiden zu lassen. Man war nicht mehr darauf angewiesen, mit physischem Kraftaufwand und Genauigkeit das Messer über den Karton zu führen – Fräse und später der Laserstrahl übernahmen diese Aufgabe mit nie dagewesener Präzision und Geschwindigkeit. Früher scheuten sich Studenten, eine Fassade mit tausend Fensteröffnungen zu entwerfen, weil sie den enormen Aufwand für eine Umsetzung im Modell vor Augen hatten, erst recht unter Zeitdruck. Winzig kleine Öffnungen im Maßstab ausschneiden, jede würde ein bisschen abweichen von der vorhergehenden – wie sollte das funktionieren?

Im Architekturstudium und in der Praxis hat es sich schon lange durchgesetzt, nur noch mit dem Computer zu zeichnen. Die ersten Skizzen von Hand sind davon noch ausgenommen. Ansonsten werden zweidimensionale Bauzeichnungen ebenso wie alle räumlichen Daten eines Gebäudes im 3-D-Modus vom Computer verarbeitet. Die Maschine (ver)führt dazu, dass das räumliche Vorstellungsvermögen weniger gefordert wird. In Grundrissen strukturell und räumlich zu denken, ist das eine, diese Vorstellungen auch im selbst entwickelten Schnitt weiterzuführen, ist nicht mehr notwendig, weil das Programm dies erledigen kann.

Was sind die Auswirkungen der digitalen Werkzeuge auf den Modellbau? Nicht nur im Hinblick auf die Herangehensweise, also wie man ein Modell baut, sondern auch im Hinblick auf das Ergebnis, also welche Wirkung ein Modell hat, kam es zu einigen Veränderungen. In der gebauten Architektur schätzt man noch die hohe Kunst der handwerklichen Ausführung. Gerade in traditionellen Handwerksbranchen wie den Zimmerleuten und den Schreinern wird auf die Qualität der Ausführung besonderen Wert gelegt, das Ergebnis steht einzigartig für sich.

Übertragen auf das Handwerk des Modellbaus ist der Unterschied deutlich: Die Werkstücke, die digitale Maschinen produziert haben, lassen im Architekturmodell die individuelle Note seines Erbauers eher vermissen und allzu oft fühlt sich das Bauen an wie eine Art Bausatz. Es ist nicht rückwärtsgewandt, darüber nachzudenken, dass die manuellen Methoden auch in der digitalen Welt ihre Daseinsberechtigung haben. Und das nicht nur als lieb gewonnene Tradition, sondern als sinnfällige und gleichberechtigte Arbeitsmethode neben den neuen Werkzeugen. Es kann auch einfach schneller sein, das Stück Karton auf die Schneidematte zu legen und mit dem Messer auszuschneiden, als erst eine digitalisierte Zeichnung anzulegen und die Maschine einzuschalten. Außerdem tut jede praktische Erfahrung in der manuellen Methode dem Verständnis der Produktionsvorgänge mehr als gut. Jeder Architekturstudent sollte wissen, wie man eine Zeichnung von Hand mit Bleistift oder Tuschestift aufreißt, so wie jeder, der eine Ausbildung zum Koch absolviert, die Sahne mit dem Schneebesen steif schlagen muss, bevor der Mixer zum Einsatz kommt.

Es sind nicht nur Werkzeuge, die früher analog waren und heute digital funktionieren. Durch die Digitalisierung haben auch die Darstellungsmedien in der Architektur eine Erweiterung erfahren. Eine Ergänzung, die auch den Begriff Modell für sich beansprucht, ist das 3-D-Modell. Damit ist in erster Linie der Modus zu verstehen, in dem man im digitalen Zeichenprogramm das Gebäude entwickeln kann: nämlich mit allen erfassten Daten der Bauteile von vorneherein dreidimensional. Bisher bestand eine Wand aus zwei Linien im Grundriss, der Abstand dieser Linien voneinander informierte über die Stärke der Wand. Im 3-D-Raum ist die Wand ein komplexes Bauteil, deren Länge, Wandstärke und Höhe im räumlichen Zusammenhang von Beginn an erfasst sind. Was vormals ein Grundriss war, ist in der sogenannten Projektionsart der senkrechte Blick von oben auf die gewünschte Ebene. Wechselt man die Projektionsart, so generiert der Computer aus den vorhandenen Daten auch die Schnitte und Ansichten. Das Haus existiert demzufolge als virtuelles Modell.

Diese Entwicklung geht sogar noch einen Schritt weiter: Man spricht von Building Information Modeling, wenn die Informationen des 3-D-Modells mit den Planungsprozessen außerhalb der Architekturdarstellung verknüpft werden. Architekten zeichnen das Gebäude im dreidimensionalen Modus, bauen virtuell den Raum am Computer und stellen diesen dann allen an der Planung Beteiligten zur Verfügung. Man kann es eine intelligente Methode nennen, denn dadurch werden alle Daten, die ein Gebäude beschreiben, in einem Modell am Rechner zusammengetragen, simuliert und vor allem – darin besteht der große Vorteil – aufeinander abgestimmt. Architekten, Fachingenieure und die ausführenden Bauunternehmen bearbeiten das Modell, das man auch eine Vorwegnahme der gebauten Wirklichkeit nennen darf. Auf einer abstrakten Betrachtungsebene verfolgt das BIM-Modell denselben Ansatz wie das Architekturmodell: man simuliert und kontrolliert, bevor man baut. Die Darstellung ermöglicht eine Vorstellung dessen, was geplant ist. Jeder praktische Architekt kennt die sogenannten weißen Flecken einer Planung, die sich erst auf der Baustelle bemerkbar machen, wenn etwas nicht funktioniert oder noch nicht überlegt ist. Das virtuelle Modell des BIM-Verfahrens greift den offenen Fragen im Bauprozess schlicht und ergreifend vor.

Wie sind denn diese beiden Modelle nebeneinander zu bewerten? Obwohl das digitale Modell noch nicht bei allen Planungsaufgaben Anwendung findet, wird eines schon offensichtlich: es erweitert und verändert die Prozesse, wie Häuser entwickelt werden.

Welchen Stellenwert nimmt also das physische Modell unter diesen veränderten Rahmenbedingungen ein? Ist das Architekturmodell überholt, gar ein Auslaufmodell? An dieser Frage kommt man nicht vorbei, wenn dem Architekturmodell mit diesem Buch eine sinnfällige Analyse zuteil werden soll. Kommt man nochmals zurück auf die eingangs genannten Wesenszüge des physischen Modells, dann stellt man jedoch schnell fest, dass das Architekturmodell nicht ersatzlos aus dem Fundus der Darstellungsmöglichkeiten zu streichen ist. Sein Alleinstellungsmerkmal bleibt, dass es den architektonischen Raum als wirklich räumliches Objekt in Verkleinerung, physisch und haptisch begreifbar, abbilden kann. Virtuelle Modelle werden hilfreich sein und sie sind eine berechtigte Ergänzung der Darstellungswege. Doch ihr Verhältnis zu den traditionellen Modellen ist weniger eines der Konkurrenz als eine Form der Synthese. Beide Darstellungskonzepte sind jeweils aus unterschiedlichen Ansätzen entstanden. Der althergebrachte Ansatz des Architekturmodellbaus wird solange seine Faszination auf die Menschen ausüben, wie Häuser entworfen und gebaut werden. Mit dem progressiven Ansatz des digitalen Modells erreicht man andere Ziele: Planungseffizienz auf der Grundlage eines intelligenten Prozesses.

Schlusswort

Im Architekturstudium – mit Beginn des ersten Semesters – fängt die Auseinandersetzung mit dem architektonischen Raum und den architektonischen Elementen an. Mit dieser Beschäftigung geht die Frage nach der besten Form der Darstellung einher. Ohne Modelle kann diese Auseinandersetzung nicht erfolgen. Es liegt sozusagen in der Natur des Architektenberufs und seiner Ausbildung, sich dieser grundsätzlichen Herausforderung zu stellen: dem Entwurf des Raums und seiner Gestalt. Dennoch verändert sich der Beruf des Architekten. Schon immer haben sich der technische Fortschritt zum einen und der gesellschaftliche Wandel zum anderen unmittelbar in der Architektur niedergeschlagen. Modelle tauchen jedoch als konstante Methode des Architekturbetriebs zu allen Zeiten auf. Die Art und Weise, wie Modelle hergestellt werden, ist dem wirklichen Bauen frappierend ähnlich. Neue Techniken machen auch vor den Modellbauwerkstätten und Zeichensälen der Fakultäten nicht halt und dieser Fortschritt ist sinnvoll. In den vorherigen Kapiteln wurde immer wieder darauf verwiesen, dass nicht nur das Architekturmodell als Objekt an sich eine verkleinerte Abbildung der Realität ist, sondern dass vielmehr Entstehungsprozesse und Umgang mit dem Modell als gleichermaßen signifikante Simulation der Wirklichkeit zu verstehen sind. Die Aussage, die Architektur sei ein Spiegel der Gesellschaft, in der sie entsteht, kann auch auf den Umgang mit Modellen übertragen werden.

Die Faszination für Modelle bleibt ungebrochen. Für den Entwerfenden stellt das Modell ein wichtiges Werkzeug in der Auseinandersetzung mit dem Raum und seinen Proportionen dar. Jeder Strich, jede Entwurfszeichnung wird erst durch das Modell räumlich sichtbar und begreifbar, die Zusammenhänge der Zeichnungen werden zusammengefasst. Bauherren und alle, die nicht vom Fach sind, erkennen leicht den Vorteil der räumlichen

Veranschaulichung durch das Modell. Räumliches Vorstellungsvermögen hat verschiedene Ausprägungen; das Modell holt jeden einzelnen Betrachter auf seinem Erfahrungs- und Wissensstand ab und führt ihm die Aussagekraft und die Wirkung des Entwurfs klar und verständlich vor Augen. Das ist der Verdienst des Modells.

Welche Bedeutung wird Architekturmodellen von künftigen Generationen beigemessen? Der Gründungsdirektor des Zentrums für Kunst und Medientechnologie Karlsruhe, Heinrich Klotz, spricht aus, wie Traditionelles und Progressives vielleicht auch im Architekturmodellbau zusammenfinden können:

„So wenig wie die Malerei durch die Computergrafik überflüssig gemacht wird, so wenig wird man den Konzertflügel fortwerfen, weil es den Synthesizer gibt.“[1]

1) In: Heinrich Klotz (Hrsg.), *Das Zentrum für Kunst- und Medientechnologie Karlsruhe*, ZKM 1992

Danksagung

Dieses Buch zu schreiben bedeutete für mich die intensive Auseinandersetzung mit einem Thema, das mich schon länger mit Leidenschaft und Hingabe begleitet als die Architektur selbst. Umso wertvoller waren die Erfahrungen und Erkenntnisse, die ich im Prozess der Recherche und des Schreibens machen konnte.

Mein Dank gilt im Besonderen folgenden Personen und Einrichtungen für ihre Unterstützung, für inspirierende Gespräche und zahlreiche Anregungen für diese Publikation:

Karlsruher Institut für Technologie, Fakultät für Architektur, Karlsruhe:

- Institut Entwerfen, Kunst und Theorie, Fachgebiet Gebäudelehre, *Professor Daniele Marques* und *Professor Meinrad Morger*

- Institut Entwerfen und Bautechnik, Fachgebiet Grundlagen der Baukonstruktion, *Dipl.-Ing. Thomas Haug*

- Institut Kunst- und Baugeschichte, Fachgebiet Baugeschichte, *Dr. Dorothea Roos*

  Ihnen allen möchte ich danken für die Abbildungen beispielhafter Modelle, die meist im Rahmen der Lehre bei Entwurfs- und Seminararbeiten in den letzten Jahren entstanden sind.

- Studienwerkstatt Modell, Modellbaumeister *Manfred Neubig* für die wertvollen Impulse zum Handwerk des Architekturmodellbaus

- Studienwerkstatt Fotografie, Fotograf *Bernd Seeland* und sein Team für die begleitende Unterstützung bei vielen Modellbildern

Hochschule Karlsruhe Technik und Wirtschaft, Fakultät Architektur und Bauwesen, Karlsruhe:

- Architekturlabor, Laborleiter *Thomas Brenner* für die wertvollen Impulse zum Handwerk des Architekturmodellbaus und digitalen Methoden

- Bereich Modellfotografie, *Dipl.-Ing. Max Seegmüller* für die Abbildungen beispielhafter Modelle, die meist im Rahmen der Lehre bei Entwurfs- und Seminararbeiten in den letzten Jahren entstanden sind

- Bereich Freiraumplanung, *Dipl.-Ing. Günter Mader* für die konstruktiven Gespräche und Abbildungen beispielhafter Modelle

Gerstäcker-Bauwerk GmbH, Material für Modellbau und Künstlerbedarf, *Thomas Rüde,* Karlsruhe für die Materialberatung und Unterstützung bei Abbildungen zu Werkzeugen und Materialien

Jannis Bruns, Karlsruhe
für die Bereitstellung von Modellfotos

Peter Hoffmann, Karlsruhe
für die Bereitstellung von Modellfotos und digitalen Perspektiven

Lisa Schneider, Karlsruhe
für die Bereitstellung von Modellfotos

Florian Weinmann – Gestaltung Modellbau Möbel, Stuttgart für die Bereitstellung von Modellfotos

Meixner Schlüter Wendt Architekten, Frankfurt am Main für die Bereitstellung von Modellfotos und Projektbilder

saai – Südwestdeutsches Archiv für Architektur und Ingenieurbau, Karlsruhe, *Prof. Georg Vrachliotis* und *Dr. Gerhard Kabierske*
für wertvolle Inhalte und Hintergründe zur Architektur- und Architekturmodellbaugeschichte sowie Modellfotos

UAA – Ungers Archiv für Architekturwissenschaft, Köln, *Anja Sieber-Albers* für die Bereitstellung von Modellbildern

Annette Gref vom Birkhäuser Verlag in Basel für die Unterstützung und inspirierende Wegbegleitung als Lektorin bei diesem Buch

Harald Pridgar für die wundervolle grafische Gestaltung des Buchs

Am Ende gilt ein ganz besonderer Dank für die grenzenlose Unterstützung meiner Familie, die den Autor geduldig und liebevoll begleitet hat. Die Muse für das Schreiben des Buchs fand ich zu guter Letzt in der Ruhe der friesischen Landschaft in Friedeburg.

Weiterführende Literatur

- Bert Bielefeld (Hrsg.), *Basics Architekturdarstellung,* Birkhäuser Verlag 2014
- Oliver Elser (Hrsg.), *Das Architekturmodell: Werkzeug, Fetisch, kleine Utopie,* Scheidegger & Spiess 2012
- Wolfgang Knoll, Martin Hechinger, *Architektur-Modelle: Anregungen zu ihrem Bau,* Deutsche Verlags-Anstalt 2006
- Ansgar Oswald, *Modellbau für Architekten. Handbuch und Planungshilfe,* DOM Publishers 2011
- Ansgar Oswald, *Meister der Miniaturen: Architekturmodellbau,* DOM Publishers 2008
- Alexander Schilling, *Basics Modellbau,* Birkhäuser Verlag 2010

Abbildungsverzeichnis

Wenn nicht anders angegeben, wurden alle Abbildungen dieses Buches von der Studienwerkstatt Fotografie, Fotograf Bernd Seeland, Fakultät für Architektur, Karlsruher Institut für Technologie erstellt. Das Verzeichnis nennt den Inhalt der Abbildung, dann ihre Herkunft und zuletzt gegebenenfalls den Fotografen.

Die folgenden Abbildungen wurden dem Autor vom Karlsruher Institut für Technologie, Fachgebiet Gebäudelehre zur Verfügung gestellt. Die Modelle wurden von Studierenden – oft mit Betreuung der Studienwerkstatt Modellbau, Modellbaumeister Manfred Neubig – im Rahmen der Lehre erstellt:

79
Entwurf Lissabon,
Fabian Wieser

81
Entwurf XBox,
Lucia Eichhorn

82, 83
Entwurf XBox,
Simone Rösner

84, 85, 86
Arbeitsmodelle aus der Lehre,
Studierendenarbeiten

87
Entwurf Artwork,
Studierendenarbeit

88
Entwurf Landau Godramstein,
Studierendenarbeit

89, 90
Studio Raum, 1. Semester,
Gruppenarbeiten

91
Modellbau Lutherkirche,
Modellbauwerkstatt

92
Entwurf Casino Köln,
Anna Katharina Braune

95
Entwurf Artwork,
Studierendenarbeit

96
Entwurf Wroom,
Cyrill Urban

118
Entwurf Bad am Bodensee,
Florian Rothermel

119
Studienarbeit Plastilin

120
Entwurf Hotel Bad Gastein,
Laura Bissbort und
Anna Katharina Braune

121
Entwurf Cabanon,
Moritz Schineis

127
Entwurf Drachenfels,
Verena Fessele

128
Entwurf Drachenfels,
Sarah Lehmann und
Cristian Popescu

131
Entwurf Drachenfels,
Studierendenarbeit

132
Entwurf Kunsthalle Karlsruhe,
Matthias Spath

133
Entwurf Kunsthalle Karlsruhe,
Katrin Tilsner

134
Entwurf Berlin,
Friedemann Jonas

136
Entwurf Stadthaus
in Karlsruhe,
Sarah Moser,
Foto: Steffen Kunkel

137
Entwurf Casino,
Friedemann Jonas

138
Entwurf Cannstatt,
Studierendenarbeit

139
Entwurf Drachenfels,
Gergana Pantcheva

140, 142
Entwurf Drachenfels,
Janna Tzoulakis und
Madalina Marincu

141
Entwurf Elefantenhaus,
Birgit Rapp

143
Entwurf Sehnsucht,
Mirjam Martin

144
Entwurf Stabwerk,
Angelina Weigel

145
Entwurf Bad am Bodensee,
Brigitte Kalausek

158
Holzmodell der Lutherkirche,
Modellbauwerkstatt

159
Entwurf Kunsthalle Karlsruhe,
Carolin Brügge

162
Sir Basil Spence, St.-Michael's
Cathedral, Coventry, 1956-62,
Seminar Grundrisse

166
Entwurf Sehnsucht,
Studierendenarbeit

167
Entwurf Kunsthalle Karlsruhe,
Thomas Schmitz

170
Entwurf Stadthaus in Mailand,
Zhizhong Wang,
Foto: Steffen Kunkel

171
Entwurf Stadthaus in Mailand,
Valerie Faust,
Foto: Steffen Kunkel

172
Entwurf Stadthaus in Mailand,
Wiebke Weidner,
Foto: Steffen Kunkel

173
Entwurf Stadthaus in Mailand,
Steffen Hollstein,
Foto: Steffen Kunkel

Die folgenden Abbildungen wurden dem Autor vom Karlsruher Institut für Technologie, Fakultät für Architektur, Lehrgebiet Grundlagen der Baukonstruktion zur Verfügung gestellt. Die Modelle wurden von Studierenden im Rahmen der Lehre angefertigt:

47, 59, 60
Entwurf Casa die Stefano. Ein Stadthaus für Mailand

Die folgenden Abbildungen wurden dem Autor vom Karlsruher Institut für Technologie, Fakultät für Architektur, Fachgebiet Baugeschichte zur Verfügung gestellt:

6, 7
Historisches Gipsmodell des Straßburger Münsters

8
Ständehaus, Karlsruhe, 1822, Modell Friedrich Weinbrenner

9
Modell eines Obelisken, Entwurf Hermann Alker

Die folgenden Abbildungen wurden dem Autor von der Hochschule Karlsruhe, Studiengang Architektur zur Verfügung gestellt. Die Modelle wurden von Studierenden im Rahmen der Lehre angefertigt:

17
Modell Haus Schminke, Hans Scharoun, Löbau, 1932–33

20, 176
Modell Farnsworth House, Ludwig Mies van der Rohe, Plano, 1950–51

18
Modell Haus Eiermann, Egon Eiermann, Baden-Baden, 1959–62

19
Modell Haus Tugendhat, Ludwig Mies van der Rohe, Brünn, 1929–30

21
Modell Landhaus in Backstein, Ludwig Mies van der Rohe, 1924

97
Barcelona-Pavillon, Ludwig Mies van der Rohe, Barcelona, 1929

Die folgenden Abbildungen wurden dem Autor von der Hochschule Karlsruhe, Studiengang Architektur, Freiraumplanung, Dipl.-Ing. Günter Mader zur Verfügung gestellt. Die Modelle wurden von Studierenden im Rahmen der Lehre angefertigt; Fotos: Günter Mader:

53 (oben)
Ikone der Gartenarchitektur – Al-Badi Palast Marrakesch, Bearbeiter: Natalia Szymansek und Martin Weisshaupt

53 (unten)
Ikone der Gartenarchitektur – Patio de los Naranjos Zaragoza, Bearbeiter: Baris Wenzel

Die folgenden Abbildungen wurden dem Autor von Lisa Schneider, Architektin, Karlsruhe zur Verfügung gestellt:

30 (oben), 117, 163
Masterarbeit Die Unausweichlichkeit des Raumes im Valle Meira

164
Wie genannt, Foto: Marlene Hübel

Die folgenden Abbildungen wurden dem Autor von Peter Hoffmann, Architekt, Karlsruhe zur Verfügung gestellt:

93, 174, 175
Diplomarbeit Inis Mór – ein klosterähnliches Refugium

Die folgenden Abbildungen wurden dem Autor von Jannis Bruns, Architekt, Köln zur Verfügung gestellt; alle Fotos: Jannis Bruns:

30 (unten), 41 (rechts), 160, 161
Masterarbeit Ressource Raum

41 (links), 49
Entwurf Space in Time

64
Entwurf Ice Lab

77
Bachelorarbeit Wein mit Weitblick

Die folgenden Abbildungen wurden dem Autor von Valerio Calavetta, Architekt, München zur Verfügung gestellt:

43, 126
Masterarbeit Wohnen im Wildpark

Die folgenden Abbildungen wurden dem Autor von Philipp Loeper, Architekt, Hamburg zur Verfügung gestellt; Foto: Philipp Loeper:

165
Diplomarbeit Meeresbad

Die folgenden Abbildungen wurden dem Autor von Christoph Baumann, Architekt, Büdingen zur Verfügung gestellt; Fotos: Christoph Baumann

58
Entwurf Islamisches Gemeindezentrum

Die folgenden Abbildungen wurden dem Autor von Meixner Schlüter Wendt Architekten GmbH, Frankfurt am Main zur Verfügung gestellt:

38, 70, 71, 73 (und Skizzen)
Modell Haus F, 2005–07,
Foto: Meixner Schlüter Wendt

66 (oben)
Dornbuschkirche, 2004–06,
Foto: Christoph Kraneburg

66 (unten)
Dornbuschkirche, 2004–06,
Foto: Meixner Schlüter Wendt

72
Haus F, 2005–07,
Foto: Christoph Kraneburg

78
Modellstudie Haus Schlüter, 2003,
Foto: Meixner Schlüter Wendt

80
Modellstudie Wohnhochhaus, 2012–16,
Foto: Meixner Schlüter Wendt

Die folgenden Abbildungen wurden dem Autor von Florian Weinmann, Gestaltung Modellbau Möbel, Stuttgart zur Verfügung gestellt; alle Fotos: Florian Weinmann:

48, 65, 122, 135, 155, 156
Architektur- und Objektmodelle sowie Impressionen der Werkstatt

Die folgenden Abbildungen wurden dem Autor vom saai | Südwestdeutsches Archiv für Architektur und Ingenieurbau am Karlsruher Institut für Technologie zur Verfügung gestellt:

4
Kunsthalle Mannheim,
Hermann Billing, 1907,
Gipsmodell,
Atelier Billing,
Foto: Bernd Seeland

10, 11
Modell Pestalozzischule,
Karlsruhe, 1915,
Fotos: Bernd Seeland

14
Hängehaus mit zentralem Mast und Zugseil, 1961,
Werkarchiv Frei Otto,
Foto: Bernd Seeland

13
Schlaufenstudie für eine Kirche, 1964,
Werkarchiv Frei Otto,
Foto: Bernd Seeland

16
Haus Mohl, Karlsruhe, 1983,
Werkarchiv Heinz Mohl,
Foto: Klaus Kinold

62
Kaiser-Wilhelm-Gedächtnis-kirche, Berlin, 1959–61,
Werkarchiv Egon Eiermann,
Fotos: Carl Albiker

Die folgenden Abbildungen wurden dem Autor vom UAA – Ungers Archiv für Architekturwissenschaft, Köln zur Verfügung gestellt:

5
Supraporte des Stadtreliefs der barocken Planstadt von Karlsruhe, Bernd Grimm,
Bibliothek Ungers, Köln,
Foto: Bernd Grimm

15
San Pietro di Montorio („Tempietto“), Rom, Donato Bramante, Renaissance,
Bernd Grimm,
Foto: Stefan Müller

Abbildungen des Autors:

28, 94
Wettbewerb Kita Keltenweg, Baden-Baden,
Schweikert Schilling – Architektur und Gestaltung, Karlsruhe, 2017

98, 99, 100
Bilder Modellbaustelle

101–116
Bilder Modellbauwerkstoffe

123, 124, 125, 129, 130, 146, 147, 148–154, 157, 169

Architektur planen

Dimensionen, Räume, Typologien

Bert Bielefeld (Hrsg.)

568 Seiten, 1200 Abbildungen
978-3-0356-0320-0 (Broschur)
978-3-0356-0318-7 (gebunden)

Konsequent gibt *Architektur planen* dem Architek ten und Studenten ein durchdachtes Planungsinstrument an die Hand, in dem sich zwei Hauptteile ergänzen: die „Räume“ und die „Typologien“, zwischen denen der Planer je nach Betrachtungsmaßstab flexibel hin und her wechseln kann. Alle planungsrelevanten Informationen werden hierfür detailliert, übersichtlich und im Zusammenhang präsentiert.

Raummaße Architektur

Flächen, Abstände, Abmessungen

Bert Bielefeld

164 Seiten, 250 Abbildungen
978-3-0356-1722-1 (Broschur)

Im komplexen Entwurfsprozess entwickelt der Architekt Räume, die durch verschiedene Einfluss größen geprägt sind. Wichtig sind Parameter wie Flächenbedarf, Abstände, Einrichtungsgegenstände oder Bewegungszonen. In diesem handlichen Nachschlagewerk finden sich schnell konkrete Informationen zu räumlichen Situationen, die Bestandteil vieler Typologien sind. So sind etwa alle wichtigen Maßangaben zu Fluren, Treppen oder Sanitärobjekten aufgeführt.

Impressum

Konzept:
Alexander Schilling, Annette Gref

Lektorat und Projektkoordination:
Annette Gref, Silke Martini

Herstellung:
Heike Strempel

Layout, Covergestaltung und Satz:
Harald Pridgar, Frankfurt/Main

Papier:
Amber Graphic, 120 g/m²

Druck:
Beltz Grafische Betriebe GmbH, Bad Langensalza, Deutschland

Library of Congress Control Number: 2018949831

Bibliografische Information der Deutschen Nationalbibliothek
Die Deutsche Nationalbibliothek verzeichnet diese Publikation in der Deutschen Nationalbibliografie; detaillierte bibliografische Daten sind im Internet über http://dnb.dnb.de abrufbar.

ISBN 978-3-0356-1477-0
e-ISBN (PDF) 978-3-0356-1474-9

Dieses Buch ist auch in englischer Sprache erschienen (Print-ISBN 978-3-0356-1479-4).

Postfach 44, 4009 Basel, Schweiz
Ein Unternehmen der Walter de Gruyter GmbH, Berlin/Boston

9 8 7 6 5 4 3 2 1
www.birkhauser.com